MW01625760

La Cuisine de la forme à Monte-Carlo

La Cuisine de la forme à Monte-Carlo

---

120 recettes de Philippe Girard

Photographies
de Daniel Czap

Albin Michel

Collection dirigée par Claude Lebey

DÉJÀ PARUS

L'ALSACE GOURMANDE
de Marc Haeberlin

LA FLANDRE GOURMANDE
de Ghislaine Arabian

LA CUISINE DE LA FORME À QUIBERON
de Patrick Jarno

L'ALSACE DES SAVEURS RETROUVÉES
d'Antoine Westermann

22, rue Huyghens, 75014 Paris
ISBN 2-226-09964-6

SOMMAIRE

ITINÉRAIRE D'UN GOURMAND

Le métier de cuisinier a exercé son attrait sur moi dès mon plus jeune âge. Fils d'agriculteur, j'ai passé ma jeunesse dans une petite ferme de Saint-Jean-de-Monts, en Vendée, où je suis né. J'y ai appris, auprès de mes parents, la vraie valeur du travail, car, à la ferme, il n'y a jamais de repos. En revanche j'ai bénéficié de l'appréciable autonomie que procure une vie en liberté, en relation directe avec la nature. J'ai pu faire aussi très tôt l'expérience des vrais produits, ceux du jardin que l'on récolte au moment de leur saison et ceux fournis par l'économie familiale ou rurale.

À la maison, nous étions deux inséparables gastronomes, ma chienne Mirza et moi. Installés de chaque côté de la table de la cuisine, nous suivions attentivement, sans en perdre une miette (au sens propre comme au sens figuré), chaque fait et geste de ma mère lorsqu'elle confectionnait les généreuses terrines avec les différents morceaux du cochon tué à la ferme, ou salait le jambon qu'on fumait dans la cheminée, sans oublier ses merveilleuses pâtisseries. En humant les effluves enchanteresses que répandaient tous ces mets, nous pouvions nous délecter avant l'heure ! J'étais gourmand et j'appréciais déjà la bonne cuisine.

C'est ainsi que je suis entré à quinze ans dans un lycée hôtelier de La Roche-Sur-Yon et que très vite j'ai eu envie de progresser dans le métier. J'ai senti que pour cela il fallait quitter le cocon familial, aller à la découverte des régions françaises afin d' apprécier et de comprendre leurs spécificités qui font l'orgueil de notre belle cuisine.

Ma première étape m'a conduit, en 1975, à l'hôtel « Les Airelles » à Courchevel. Cette approche de la montagne fut pour moi un véritable émerveillement ! Puis, au fil des saisons d'hiver et d'été, j'ai parcouru plusieurs régions, de la mer du Nord aux Alpes de Haute-Provence. J'y ai puisé et minutieusement répertorié tous les savoirs qui servent aujourd'hui de base à ma cuisine.

Mon premier contact avec la cuisine minceur eut lieu à Quiberon, à l'hôtel Sofitel relié au centre de thalassothérapie créé par Louison Bobet, où sa femme Marie-José me confia mon premier poste de chef de cuisine. Sceptique

au départ, j'ai rapidement acquis la conviction enthousiaste que cette cuisine, pourtant difficile à réaliser car exigente, était pleine d'avenir. Tout était à créer et, avec la brigade qui m'entourait, nous nous sommes lancés sans retenue dans l'aventure. À la fin des années 1980, le succès rencontré nous valut le respect de nos aînés.

L'envie d'évoluer et de travailler dans des hôtels toujours plus exigeants sur la qualité des prestations servies m'a conduit, au début de l'année 1993, à Vichy où j'ai participé à l'ouverture du prestigieux hôtel « Les Célestins », mon premier palace. J'ai créé pour ce bel établissement les cuisines des trois restaurants (dont un restaurant minceur) que j'ai dirigées pendant deux ans et demi. L'Auvergne, riche en produits de terroir, m'a permis de découvrir de nouvelles variétés de champignons, de fromages ou de poissons de rivière qui ont élargi mes connaissances et apporté plus de diversité à mes compositions. Avec l'appui d'une brigade sérieuse et compétente (mon deuxième sous-chef obtiendra en 1996, le titre de Meilleur Ouvrier de France), j'ai donné à la cuisine minceur une dimension plus gastronomique et plus goûteuse, en privilégiant la concentration des saveurs des aliments choisis.

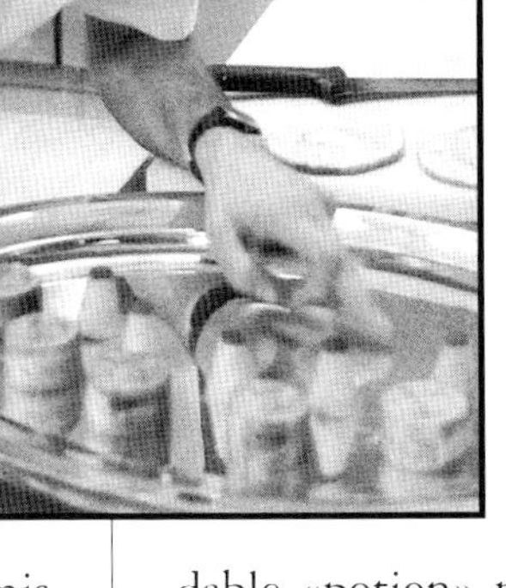

En 1995, j'ai quitté Vichy pour prendre la direction du restaurant minceur des Thermes marins de Monte-Carlo. C'est avec fierté, et un brin d'émotion, que j'ai mis en place la restauration de ce centre, reconnu comme un des plus beaux du monde, relié directement à l'hôtel de Paris – le palace par excellence – et dont le succès ne s'est pas fait attendre. De nouveaux parfums et de nouveaux produits sont venus enrichir ma palette de base et ont ensoleillé ma cuisine en lui donnant une connotation plus provençale et plus chatoyante.

Je dois dire aussi que le privilège de côtoyer Alain Ducasse, au sein de la même entreprise, est une formidable «potion» pour donner le meilleur de soi-même et, dans une restauration toute différente, proposer ce qui peut se faire de mieux. Mais sans mon équipe, soudée et volontaire pour laquelle j'ai le plus grand respect, nous ne serions pas aujourd'hui, à Monaco, l'un des tout meilleurs restaurants minceur de la planète. Différents pays m'ont d'ailleurs invité à venir leur enseigner l'art et les secrets de cette cuisine qui correspond parfaitement à la demande et à l'exigence de la clientèle actuelle, attentive à son alimentation et à sa santé. Ma cuisine minceur est avant tout une cuisine moderne, créative, spontanée, qui s'appuie sur la qualité et la valorisation du goût véritable des produits, sans tricherie possible, car elle reste une cuisine française, basée sur les produits de terroir, naturels et récoltés la plupart du temps de façon artisanale.

Gourmand, je le suis toujours autant ; je me régale sans compter mais surtout sans que ma ligne ne le trahisse. C'est bien cette différence dans la façon d'accommoder les mets que vous allez découvrir au fil des pages de cet ouvrage.

PH. G.

SOUPES

SOUPES

Depuis la soupe trempée au pain de mon enfance, les potages d'aujourd'hui ont bien évolué : en saveur, en onctuosité et en légèreté. Bouillons, crèmes et potages peuvent être servis chauds ou froids, selon le goût ou la saison.

CRÈME DE CHAMPIGNONS

45 KCAL PAR PERSONNE

MARCHÉ POUR 4 PERSONNES

60 G DE BLANC DE POIREAU
300 G DE CHAMPIGNONS DE PARIS
2 DL DE LAIT ÉCRÉMÉ
2 DL DE FOND DE VOLAILLE (VOIR RECETTE P. 130)
SEL FIN, POIVRE DU MOULIN
QUELQUES PLUCHES DE CERFEUIL

PRÉPARATION ET CUISSON

Émincer finement le blanc de poireau. Le laver. Couper et ôter les pieds terreux des champignons. Les laver rapidement dans beaucoup d'eau. Bien les égoutter, et les couper en morceaux. Faire chauffer une casserole, sans matière grasse.

Y déposer, dès qu'elle est chaude, le blanc de poireau. Remuer constamment avec une spatule et faire suer sans coloration pendant 1 mn. Ajouter les champignons, les faire suer aussi pendant 1 mn en remuant en permanence avec la spatule. Mouiller avec le lait et le fond de volaille. Assaisonner et laisser cuire à feu moyen pendant 25 mn, à couvert.

FINITION ET PRÉSENTATION

Retirer du feu. Mixer jusqu'à ce qu'il n'y ait plus de morceaux dans la crème obtenue. Passer au chinois et servir bien chaud avec quelques pluches de cerfeuil.

CRÈME DE POTIRON

65 KCAL PAR PERSONNE

MARCHÉ POUR 4 PERSONNES

60 G DE BLANC DE POIREAU
30 G D'OIGNON
200 G DE POTIRON
1/2 L DE LAIT ÉCRÉMÉ
30 G DE FROMAGE BLANC BATTU À 0 %
SEL FIN, POIVRE DU MOULIN
PLUCHES DE CERFEUIL

PRÉPARATION ET CUISSON

Émincer le blanc de poireau, bien le laver. Éplucher et émincer l'oignon. Éplucher et couper en morceaux le potiron.

Dans une casserole, faire suer, sans matière grasse, en remuant sans cesse avec une spatule, le poireau et l'oignon, sans coloration. Ajouter les morceaux de potiron. Mouiller avec le lait écrémé et 8 dl d'eau. Assaisonner. Cuire à feu moyen pendant 30 mn.

FINITION ET PRÉSENTATION

Mixer la crème obtenue, la passer au chinois, ajouter au fouet le fromage blanc. Rectifier l'assaisonnement. Tenir au chaud sans laisser revenir à ébullition (afin de ne pas faire grainer le fromage blanc).

Servir en soupière avec quelques pluches de cerfeuil.

CRÈME D'ASPERGES VERTES

79 Kcal par personne

Marché pour 4 personnes

80 g de blanc de poireau
500 g d'asperges vertes
25 cl de fond blanc ou bouillon de volaille (voir recette p. 130)
25 cl de lait écrémé
60 g de fromage blanc
sel fin
poivre du moulin
gros sel

PRÉPARATION ET CUISSON

Émincer finement le blanc de poireau, le laver puis le déposer au fond d'une casserole et le faire suer 2 mn à feu moyen, sans matière grasse, en remuant sans cesse à l'aide d'une spatule.

Ajouter ensuite les asperges épluchées, lavées, et coupées en petits dés.

Mouiller avec le lait écrémé, le fond blanc ou un bouillon de volaille (ou à défaut avec 25 cl d'eau). Ajouter une pincée de gros sel, 2 tours de moulin de poivre et laisser frémir à feu doux pendant 20 mn.

FINITION ET PRÉSENTATION

Mixer le tout, passer au chinois, ajouter le fromage blanc en le mélangeant au fouet, rectifier l'assaisonnement et tenir au chaud sans faire bouillir.

GASPACHO DE MAQUEREAU AU CURRY

104 Kcal par personne

Marché pour 4 personnes

160 g de filet de maquereau
300 g de concombre
500 g de tomates
50 g de poivron rouge
le jus d'un citron
1 dl d'eau
1 oignon rouge (facultatif)
1 gousse d'ail
1 brindille de thym
1/2 feuille de laurier
Worcestershire sauce
sel fin, tabasco, curry

PRÉPARATION ET CUISSON

Peler et couper tous les légumes en morceaux. Les déposer dans un saladier avec l'eau, le jus de citron, le thym, le laurier, l'ail et recouvrir d'un papier film. Laisser mariner au frais pendant au moins 4 h. Mixer le tout, puis le passer au chinois en pressant fortement avec une louche pour récupérer le maximum de jus. Ajouter quelques gouttes de tabasco et de Worcestershire sauce. Bien mélanger et réserver au frais. Couper en biseau le filet de maquereau en 12 morceaux. Les saupoudrer de curry. Cuire dans un plat allant au four à 150° (th. 5) pendant 3 mn. Rectifier l'assaisonnement si nécessaire.

FINITION ET PRÉSENTATION

Verser le gaspacho bien froid dans les assiettes creuses. Disposer au centre de chaque assiette 3 pièces de filet de maquereau.

On peut disposer sur les morceaux de poisson quelques rondelles d'oignon rouge pour la décoration.

VICHYSSOISE DE ROUGET AUX ÉPICES

106 KCAL PAR PERSONNE

MARCHÉ POUR 2 PERSONNES

100 G DE FILET DE ROUGET
70 G DE BLANC DE POIREAU
5 CL DE FROMAGE BLANC LISSE
70 G DE POMMES DE TERRE
QUELQUES PLUCHES DE CERFEUIL
0,5 L DE FOND DE VOLAILLE
(VOIR RECETTE P. 130)
MÉLANGE 5 POIVRES
SEL FIN, POIVRE DU MOULIN

PRÉPARATION ET CUISSON

Émincer le blanc de poireau, le laver et le faire suer dans une casserole en remuant constamment avec une spatule, sans le colorer. Ajouter les pommes de terre épluchées et coupées en morceaux. Mouiller avec le fond de volaille. Cuire 30 mn à petite ébullition. Assaisonner généreusement.

Mixer le tout. Passer au chinois, ajouter le fromage blanc et réserver au frais. Couper en biais le filet de rouget en 6 losanges, le parsemer des 5 poivres concassés. Le cuire «rosé» à la vapeur. Incorporer le cerfeuil ciselé à cette crème, dite vichyssoise.

FINITION ET PRÉSENTATION

Verser la vichyssoise au fond des assiettes creuses. Disposer au centre les 3 losanges de rouget chaud aux épices.

BOUILLON GOÛTEUX DE MOULES AU SAFRAN

119 KCAL PAR PERSONNE

MARCHÉ POUR 4 PERSONNES

POUR LE JUS DE CUISSON (0,6 L) :
2 KG DE MOULES DE BOUCHOT
0,4 L DE VIN BLANC SEC
100 G D'OIGNON
1 GOUSSE D'AIL
QUELQUES QUEUES DE PERSIL
3 TOURS DE MOULIN DE POIVRE
POUR LA GARNITURE :
50 G DE CAROTTE
50 G D'OIGNON
50 G DE POIREAU
2 DL DE FUMET DE POISSON
(VOIR RECETTE P. 130)
125 G DE FROMAGE BLANC LISSE
QUELQUES PISTILS DE SAFRAN
QUELQUES PLUCHES DE CERFEUIL
4 BRINS D'ANETH
1/2 CUILLERÉE À SOUPE D'HUILE D'OLIVE

PRÉPARATION ET CUISSON

Gratter et laver les moules.

Ciseler l'oignon, c'est-à-dire le couper en petits dés. Le disposer dans une casserole avec le vin blanc, la gousse d'ail épluchée coupée en deux et dont on a ôté le germe, les queues de persil et 3 tours de moulin de poivre.

Porter à ébullition, puis ajouter les moules. Couvrir la casserole et cuire à feu vif jusqu'à l'ouverture des mollusques. Récupérer tout le jus de cuisson, le passer au chinois étamine, le réserver.

Décoquiller les moules.

Éplucher, puis hacher très finement la carotte et l'oignon de la garniture.
Faire de même avec le poireau.

Faire suer vivement mais sans coloration dans quelques gouttes d'huile d'olive ces 3 légumes. Ajouter le jus de cuisson des moules ainsi que

PHOTO PAGE CI-CONTRE

le fumet de poisson. Cuire 5 mn puis passer au chinois.

Ajouter une partie du safran, une vingtaine de moules décoquillées, le fromage blanc et mixer le tout.

Passer au chinois à nouveau et réserver au chaud.

FINITION ET PRÉSENTATION

Préparer 4 assiettes creuses chaudes au fond desquelles on dispose en étoile une dizaine de moules décoquillées, avec au centre une pluche de cerfeuil, 1 brin d'aneth et quelques pistils de safran. Servir la soupe en soupière.

SOUPE D'OIGNONS ROUGES AUX GRILLONS DE RIS DE VEAU

119 KCAL PAR PERSONNE

MARCHÉ POUR 4 PERSONNES

300 G D'OIGNONS ROUGES
120 G DE FROMAGE BLANC
120 G DE RIS DE VEAU
2 DL DE VIN BLANC (SEC DE PRÉFÉRENCE)
1 CUILLERÉE À SOUPE D'HUILE D'ARACHIDE
5 DL DE FOND DE VOLAILLE (VOIR RECETTE P. 130)
SEL FIN, POIVRE DU MOULIN

PRÉPARATION ET CUISSON

La veille : blanchir le ris de veau, en commençant la cuisson à l'eau froide, et en la portant à ébullition pendant 2 à 3 mn. Retirer de l'eau. Rafraîchir à l'eau courante, puis éplucher avec la pointe d'un couteau.
Éponger le ris de veau et le placer entre deux assiettes, de façon à le presser pendant toute la nuit.

Éplucher et couper en fines lamelles les oignons rouges. Les faire suer dans une casserole, sans matière grasse, en les remuant sans cesse pendant 5 à 6 mn à l'aide d'une spatule, et ceci sans coloration. Ajouter le vin blanc. Laisser réduire de moitié. Mouiller avec le fond de volaille. Réduire d'un tiers.

Vérifier la cuisson des oignons. Ajouter le fromage blanc. Retirer du feu et mixer le tout. Passer au chinois étamine en appuyant fortement à l'aide d'une louche de façon à récupérer le maximum de consistance.

Rectifier l'assaisonnement.

Remettre sur le feu, sans laisser bouillir.

FINITION ET PRÉSENTATION

Découper en petits morceaux le ris de veau, et les saisir vivement dans une poêle avec l'huile d'arachide. Après leur avoir donné une belle coloration blonde, les égoutter sur un papier absorbant et les disposer au centre des assiettes. Verser dessus la soupe d'oignons rouges fumante.

BOUILLON DE TOMATES ÉMULSIONNÉ AU BASILIC

145 KCAL PAR PERSONNE
OU 66 KCAL PAR PERSONNE
(SANS L'ÉMULSION À L'HUILE D'OLIVE)

MARCHÉ POUR 4 PERSONNES

30 G D'ÉCHALOTE
70 G DE BLANC DE POIREAU
70 G DE CAROTTE
700 G DE TOMATES FRAÎCHES
0,5 L DE FOND DE VOLAILLE
(VOIR RECETTE P. 130)
10 G DE CONCENTRÉ DE TOMATE
4 CUILLERÉES À SOUPE D'HUILE D'OLIVE
1 BOTTE DE BASILIC
1 BOUQUET GARNI (THYM, LAURIER)
SEL FIN,
POIVRE DU MOULIN

PRÉPARATION ET CUISSON

Ciseler l'échalote, émincer finement le poireau et la carotte ; les faire suer avec une demi-cuillerée à soupe d'huile d'olive pendant 2 mn environ. Ajouter les tomates fraîches coupées en quartiers, le concentré de tomate, la moitié du basilic, le bouquet garni, puis le fond de volaille (ou à défaut de l'eau). Assaisonner et cuire 20 mn à feu doux. Retirer le bouquet garni.
Mixer le bouillon obtenu. Le passer au chinois. Rectifier l'assaisonnement et conserver au froid.

FINITION ET PRÉSENTATION

Mixer l'autre moitié de basilic avec l'huile d'olive restante. Au moment de servir, émulsionner au mixer le bouillon de tomates avec l'huile d'olive au basilic. Servir bien frais.

ENTRÉES

De la Bretagne avec ses crustacés, jusqu'en Provence avec ses légumes colorés, en passant par l'Auvergne et ses champignons parfumés, toutes mes recettes utilisent ces produits de qualité, parfois en mariant les terroirs… Il faut oser, mais il faut de tout pour faire une bonne entrée.

MARBRÉ DE LAPEREAU AUX LÉGUMES FONDANTS

92 KCAL PAR PERSONNE

MARCHÉ POUR 8 PERSONNES

1 LAPEREAU DE 1 KG ENVIRON
200 G DE CAROTTES
5 JEUNES POIREAUX
8 FEUILLES DE GÉLATINE
1 GROS OIGNON
1 BRANCHE DE CÉLERI
1 BOUQUET DE MESCLUN (FACULTATIF)
1 CUILLERÉE À SOUPE D'HUILE D'ARACHIDE
SEL FIN, POIVRE EN GRAINS
THYM, LAURIER, GROS SEL
POUR LA CLARIFICATION :
50 G DE TOMATE BIEN MÛRE
50 G DE POIREAU
2 BLANCS D'ŒUFS

PRÉPARATION ET CUISSON

Éliminer la tête du lapin. Découper les deux pattes de chaque côté du bassin ainsi que le râble à la limite des côtes. Concasser les os du bassin et de la poitrine après avoir enlevé les pattes avant.

Dans une casserole, verser l'huile d'arachide. Quand elle est fumante, déposer les morceaux de lapin ainsi que les os concassés. Bien faire saisir sur chaque face les morceaux pendant au moins 3 mn pour les dorer. Remuer aussi les os pour ne pas les brûler. Ajouter ensuite l'oignon épluché et coupé grossièrement, ainsi que la branche de céleri. Les faire suer pendant 1 mn en les remuant constamment, puis verser de l'eau à hauteur des morceaux de façon qu'ils soient recouverts. Assaisonner de gros sel et de poivre en grains. Ajouter une brindille de thym et une demi-feuille de laurier. Cuire à couvert à feu doux pendant 20 mn. Au terme de la cuisson, retirer les morceaux de lapin et les décortiquer (opération délicate, car il ne faut surtout pas laisser d'os, ni de cartilage). Pendant ce temps, verser un demi-litre d'eau dans le jus de cuisson avec les carcasses, remettre sur le feu et le laisser réduire de moitié. Passer ce jus à l'étamine et rectifier l'assaisonnement si nécessaire.

Éplucher les carottes, les couper en bâtonnets de 5 mm d'épaisseur sur toute la longueur. Couper les extrémités des poireaux. Bien les laver.

Remettre le jus de cuisson du lapin sur le feu. Le porter à ébullition.

Cuire les bâtonnets de carottes et les poireaux dans ce jus de cuisson pendant une douzaine de minutes. Les retirer et les réserver au frais. Retirer le jus de cuisson du feu.

Hacher grossièrement tous les légumes de la clarification au robot. Ajouter les blancs d'œufs crus et hacher à nouveau. Verser cette clarification dans le jus de cuisson à peine tiède. Bien mélanger au fouet et porter à petits frémissements jusqu'à ce qu'il devienne clair (pour le savoir, écarter délicatement avec une cuillère la couche d'impuretés qui flotte à la surface). Retirer alors du feu, et passer au linge humide au-dessus d'un saladier, louche par louche, en évitant de prendre les impuretés qui surnagent. Ajouter alors les feuilles de gélatine trempées au préalable dans de l'eau froide. Bien mélanger, la gelée est ainsi confectionnée.

Montage de la terrine : verser une petite couche de gelée au fond de la terrine (5 mm). Laisser prendre au réfrigérateur pendant 20 mn. Poser ensuite en alternance des morceaux de lapin décortiqué et des légumes par couches successives jusqu'en haut de la terrine. Remplir jusqu'à ras bord avec la gelée. Tapoter délicatement avec une spatule pour être sûr qu'elle amalgame tous les ingrédients. Laisser prendre de nouveau au réfrigérateur pendant au moins 4 h.

FINITION ET PRÉSENTATION

Quand la terrine est bien prise, la tremper quelques secondes dans un bac d'eau très chaude, puis la démouler sur une planche à découper.

Découper très délicatement en tranches de 2 cm d'épaisseur avec un couteau électrique de préférence, et sans appuyer.

Servir bien frais, accompagné d'une petit bouquet de mesclun, par exemple.

TOMATE EN SURPRISE DE THON

98 KCAL PAR PERSONNE

MARCHÉ POUR 4 PERSONNES

120 G DE THON AU NATUREL	**30 G DE CORNICHONS**
4 TOMATES DE 150 G BIEN FERMES	**30 G DE CÂPRES**
	1 CONCOMBRE
60 G D'OIGNON	**SEL FIN, POIVRE DU MOULIN**

PRÉPARATION

Bien égoutter le thon et le hacher au robot.

Éplucher l'oignon, le ciseler le plus finement possible. Hacher les câpres et les cornichons. Mélanger ensemble ces 4 ingrédients. Assaisonner de sel fin et de quelques tours de moulin de poivre.

Peler les tomates (après les avoir trempées 10 s dans l'eau bouillante). Couper la tête au niveau du pédoncule (comme pour une tomate farcie) et les vider à l'aide d'une cuillère. Attention, cette opération est très délicate, car le fait d'avoir enlevé la peau de la tomate la rend plus fragile. Saupoudrer d'une pincée de sel l'intérieur des tomates et les retourner sur un papier absorbant de façon qu'elles dégorgent un peu d'eau. Canneler le concombre et le couper en lamelles très fines. Garnir chaque tomate du mélange au thon.

FINITION ET PRÉSENTATION

Sur chaque assiette, confectionner une rosace de lamelles de concombre superposées et poser dessus la tomate retournée.

Ce mets peut s'accompagner de vinaigrette à la framboise ou aux herbes (voir recettes p.127).

CARPACCIO DE DORADE AU CITRON VERT

104 KCAL PAR PERSONNE

MARCHÉ POUR 4 PERSONNES

- 400 G DE FILETS DE DORADE
- 1 CŒUR BIEN BLANC DE SALADE FRISÉE (FINE DE PRÉFÉRENCE)
- 5 CL DE JUS DE CITRON VERT
- 1 CUILLERÉE À SOUPE D'HUILE D'OLIVE
- 2 TOURS DE MOULIN DE POIVRE DE JAMAÏQUE (POIVRE TRÈS PARFUMÉ, APPELÉ AUSSI PIMENT DE JAMAÏQUE)
- 20 G DE POIVRON ROUGE
- 1 PINCÉE DE SEL FIN

PRÉPARATION

Couper les filets de dorade de biais (comme un saumon fumé) en tranches très fines (presque transparentes). «Des tranches à une seule face», comme j'ai l'habitude de le dire en plaisantant à mes ouvriers cuisiniers.

Les assaisonner avec le sel et le poivre de Jamaïque et les disposer en pétales sur le pourtour des assiettes.

Trier, laver et bien égoutter la salade frisée. En disposer un petit bouquet au centre de chaque assiette. Émulsionner au mixer l'huile et le jus de citron vert. Napper les pétales de dorade avec ce mélange, 5 mn avant de servir.

FINITION ET PRÉSENTATION

Tailler en julienne, c'est-à-dire en filaments très fins (comme des aiguilles de pin !) le poivron rouge, et le recouvrir d'eau glacée. Au bout de quelques minutes, ces lanières vont se recourber. Les disposer alors, une fois égouttées, sur la salade frisée.

Si vous habitez au bord de la mer, faites mariner dans 1 litre d'eau de mer bien propre et filtrée les filets de dorade pendant 1h. Cette opération va resserrer les chairs du poisson et le rendre plus goûteux.

On peut remplacer le poivron par de la carotte.

TOMATE FARCIE AU TARTARE DE LÉGUMES ET HERBES FRAÎCHES

105 KCAL PAR PERSONNE

MARCHÉ POUR 4 PERSONNES

- 4 TOMATES DE 150 G (BIEN FERMES)
- 60 G DE CONCOMBRE
- 40 G DE CÉLERI BRANCHE
- 20 G DE POIVRON ROUGE
- 20 G D'OIGNON
- 1 CUILLERÉE À SOUPE D'ESTRAGON CISELÉ
- 1 CUILLERÉE À SOUPE DE CERFEUIL CISELÉ
- 1 CUILLERÉE À SOUPE DE PERSIL PLAT HACHÉ
- 1 CUILLERÉE À CAFÉ DE CIBOULETTE CISELÉE
- 1 CUILLERÉE À CAFÉ DE CÉBETTE ÉMINCÉE
- 1 CUILLERÉE À CAFÉ DE MENTHE CISELÉE
- 2 CUILLERÉES À SOUPE D'HUILE D'OLIVE
- 1 CUILLERÉE À SOUPE DE JUS DE CITRON
- SEL FIN, POIVRE DU MOULIN

PRÉPARATION

Peler les tomates (après les avoir trempées 10 s dans l'eau bouillante). Couper la tête au niveau du pédoncule et les vider à l'aide d'une cuillère. Réserver la chair intérieure. Saupoudrer d'une pincée de sel l'intérieur des tomates et les retourner, de façon qu'elles dégorgent un peu d'eau.

PHOTO PAGE CI-CONTRE

Épépiner la chair réservée des tomates et la couper en petits dés. Éplucher le concombre et le couper lui aussi en petits dés. Renouveler cette opération avec le poivron rouge et l'oignon, ainsi qu'avec le céleri.

Dans un saladier, fouetter l'huile d'olive et le jus de citron avec 2 pincées de sel et 2 tours de moulin de poivre. Ajouter tous les légumes en dés ainsi que les herbes. Bien mélanger. Rectifier l'assaisonnement si nécessaire, puis garnir les tomates.

Servir bien frais. Cette entrée est pleine de saveur et de fraîcheur.

SALADE D'ARTICHAUT MOULÉE AUX CREVETTES

106 KCAL PAR PERSONNE

MARCHÉ POUR 4 PERSONNES

350 G DE FONDS D'ARTICHAUT	**1 GROSSE CAROTTE**
160 G DE CREVETTES ROSES DÉCORTIQUÉES	**QUELQUES PLUCHES DE CERFEUIL ET D'ANETH**
350 G DE TOMATES	**SEL FIN, POIVRE DU MOULIN**

MATÉRIEL SPÉCIFIQUE : 1 CERCLE À MOUSSE DE 10 CM DE DIAMÈTRE

PRÉPARATION ET CUISSON

Si vous utilisez des artichauts frais, les débarrasser de leurs feuilles tout autour du fond, à l'aide d'un couteau, puis les cuire dans de l'eau salée et citronnée bouillante pendant 20 à 30 mn, selon grosseur.

Au terme de la cuisson, ôter le foin situé dans le cœur de l'artichaut.

Peler les tomates (après les avoir plongées 10 s dans de l'eau bouillante), les couper en deux, les épépiner, puis les couper en petits dés. Les assaisonner et les conserver au frais.

Couper en petits dés les fonds d'artichaut et les assaisonner.

Égoutter les crevettes.

Éplucher et laver la carotte. La tailler en lanières très minces, sur toute la longueur et la largeur du légume de façon à constituer des rubans. Les cuire à l'eau bouillante salée (5 mn s'ils sont bien fins).

FINITION ET PRÉSENTATION

Au centre de chaque assiette, poser le cercle en inox. Déposer au fond une couche d'artichaut. Tasser un peu. Ajouter ensuite les crevettes. Tasser à nouveau. Terminer avec les tomates. Les lisser à la spatule. Retirer le cercle. Entourer avec une lanière de carotte de façon à masquer les couches successives. Décorer avec les pluches de cerfeuil et d'aneth.

On peut accompagner cette salade d'une vinaigrette au basilic (voir recette p. 126).

HURE DE SAUMON AUX FINES HERBES

110 KCAL PAR PERSONNE

MARCHÉ POUR 8 PERSONNES
400 G DE FILETS DE SAUMON
1 ÉCHALOTE
1 DL DE SAUTERNES
9 FEUILLES DE GÉLATINE (18 G)
1 GROS OIGNON + QUELQUES PELURES ORANGÉES
1 ARÊTE DE SAUMON
1 CUILLERÉE À SOUPE DE CERFEUIL HACHÉ
1 CUILLERÉE À SOUPE DE CIBOULETTE CISELÉE
1 CUILLERÉE À SOUPE D'ESTRAGON CISELÉ
5 DL DE FUMET DE POISSON (VOIR RECETTE P. 130)
SEL, POIVRE DU MOULIN

POUR LA CLARIFICATION :
50 G DE TOMATE BIEN MÛRE
50 G DE POIREAU
2 BLANCS D'ŒUFS
1/4 DE BRANCHE DE CÉLERI
20 G DE CHAMPIGNONS DE PARIS

MATÉRIEL SPÉCIFIQUE : 1 TERRINE

PRÉPARATION ET CUISSON

Tailler les filets de saumon en lanières de 1 cm d'épaisseur. Les assaisonner et les cuire au four à 150° (th. 5) pendant 2 mn pour les tenir «rosés».

Pour la gelée : Dans une casserole, porter à ébullition l'arête de saumon concassée et le sauternes. Ajouter l'oignon coupé en deux sans l'éplucher, ainsi que les peaux orangées de 2 ou 3 autres oignons (le but étant de colorer la gelée), puis le fumet de poisson.

Cuire ainsi une quinzaine de minutes, puis passer au chinois étamine.

Hacher grossièrement au robot tous les légumes de la clarification. Ajouter les blancs d'œufs et hacher à nouveau. Verser cette clarification dans le jus de cuisson à peine tiède. Bien mélanger au fouet et porter à petits frémissements jusqu'à ce qu'il devienne clair (pour le savoir, écarter délicatement avec une cuillère la couche d'impuretés qui flotte à la surface). Retirer du feu et passer au linge humide au-dessus d'un saladier, louche par louche, en évitant de renverser de la clarification. Ajouter alors les feuilles de gélatine, trempées au préalable dans de l'eau froide.

Montage de la terrine : Verser une petite couche de gelée au fond de la terrine. Laisser prendre au réfrigérateur (environ 5 mn).

Disposer ensuite, par couches alternées, les lanières de saumon et le mélange d'herbes jusqu'en haut de la terrine. Remplir avec la gelée. Laisser prendre au réfrigérateur pendant 3 à 4 h.

PRÉSENTATION

Quand la gelée est bien prise, tremper la terrine quelques secondes dans de l'eau bouillante et la démouler. Découper très délicatement en tranches de 2 cm d'épaisseur avec un couteau électrique et servir. Cette gelée peut être accompagnée de quelques taches de vinaigrette aux herbes ou aux agrumes (voir recettes p. 127 et p. 128).

TARTARE DE DORADE, SAUCE AUX HUÎTRES

132 KCAL PAR PERSONNE

MARCHÉ POUR 4 PERSONNES

- 360 G DE FILETS DE DORADE (ROYALE DE PRÉFÉRENCE) SANS PEAU
- 4 TRANCHES FINES DE SAUMON FUMÉ
- 2 HUÎTRES CREUSES N° 2
- 100 G DE FROMAGE BLANC
- QUELQUES GOUTTES DE JUS DE CITRON
- CÂPRES, DÉS DE POIVRON, SEL FIN, POIVRE DU MOULIN
- QUELQUES GOUTTES DE VINAIGRETTE AUX HERBES (VOIR RECETTE P. 127)

MATÉRIEL SPÉCIFIQUE: 1 CERCLE À TARTE DE 10 CM DE DIAMÈTRE

PRÉPARATION

Ouvrir les huîtres, en prélever la chair. Les mixer avec le fromage blanc, quelques gouttes de jus de citron et un tour de moulin de poivre.

Passer au chinois en appuyant fortement avec une louche pour récupérer le maximum de sauce. La réserver au frais ; elle va s'épaissir toute seule au fil des minutes.

Hacher la chair sans arêtes de la dorade au hachoir à viande (avec la grille à steak haché) ou à défaut, au couteau. Assaisonner de sel et de poivre cette préparation et la mouler à l'aide d'un cercle au centre de l'assiette. Tailler avec le même cercle 4 rondelles de saumon fumé, de même diamètre et les poser sur les tartares.

PRÉSENTATION

Déposer autour, à la cuillère, quelques filets de sauce aux huîtres, parsemer de câpres et de dés de poivron.

À l'aide d'une petite cuillère, tacheter de quelques gouttes vertes de vinaigrette aux herbes.

Si vous avez la chance d'habiter au bord de la mer, prélevez 1 litre d'eau de mer bien propre et filtrée, et faites mariner dans cette eau les filets de dorade pendant 1 h avant de les hacher. Cette opération va resserrer les chairs du poisson et le rendre plus goûteux.

TERRINE DE BARBUE AUX LANGOUSTINES

143 KCAL PAR PERSONNE

MARCHÉ POUR 8 PERSONNES

- 600 G DE FILETS DE BARBUE
- 400 G DE LANGOUSTINES
- 300 G DE FROMAGE BLANC À 0 %
- 2 BLANCS D'ŒUFS
- 80 G DE HARICOTS VERTS
- 80 G DE CAROTTE
- 8 G DE SEL FIN,
- 2 G DE POIVRE BLANC

MATÉRIEL SPÉCIFIQUE : 1 TERRINE

PRÉPARATION ET CUISSON

Cuire les langoustines à l'eau bouillante salée pendant 3 à 5 mn selon grosseur. Les décortiquer et les couper en dés. Réserver.

Hacher au robot la chair des filets de barbue avec le sel fin et le poivre. Ajouter les blancs d'œufs. Mixer à nouveau. Ajouter le fromage blanc.

TERRINE DE LÉGUMES FRAÎCHEUR
(RECETTE PAGE SUIVANTE)

Mixer rapidement pour bien l'incorporer. Passer cette farce au tamis. Incorporer les dés de langoustines. Réserver au frais.

Équeuter les haricots verts, les cuire à l'eau bouillante salée puis arrêter la cuisson en les plongeant dans de l'eau glacée.

Éplucher les carottes, les couper en bâtonnets de 5 mm de côté et appliquer le même style de cuisson que pour les haricots verts.

Dans une terrine, disposer une couche de farce de barbue, puis quelques lignes de haricots verts les uns à la suite des autres. Remettre une couche de farce, puis disposer 2 ou 3 lignes de carottes, elles aussi les unes derrière les autres, bien accolées. Continuer ainsi à monter la terrine jusqu'au bord par couches alternées. Bien la tasser en tapotant sur une planche de façon à éliminer les bulles d'air. Puis la cuire au bain-marie au four, à 150° (th. 5) pendant 40 mn, ou dans un four mixte (air pulsé et vapeur) à 70° pendant 40 mn.

Laisser refroidir avant de démouler, puis découper en tranches.

PRÉSENTATION

Servir bien frais. On peut accompagner ce mets d'une vinaigrette aux herbes ou d'une sauce aux huîtres (voir recettes p. 127 et p. 30).

ESCABÈCHE DE ROUGET AU GINGEMBRE

162 KCAL PAR PERSONNE

MARCHÉ POUR 4 PERSONNES

8 PETITS FILETS DE ROUGET DE 60 G PIÈCE
50 G D'OIGNON
50 G DE CAROTTE
1 PETITE BRANCHE DE CÉLERI
1 GOUSSE D'AIL
10 G DE GINGEMBRE FRAIS
1 DL DE VIN BLANC SEC
2 CUILLERÉES À SOUPE DE VINAIGRE DE XÉRÈS
1 CUILLERÉE À SOUPE D'HUILE D'OLIVE
THYM, LAURIER
GROS SEL, POIVRE EN GRAINS

PRÉPARATION ET CUISSON

Éplucher et râper le gingembre frais.

Éplucher et laver tous les autres légumes. Les couper en fines rondelles.

Dans une casserole, faire chauffer l'huile d'olive. Quand elle est fumante, saisir rapidement sur chaque face les filets de rouget auparavant essuyés , de façon à leur donner une légère coloration. Les retirer et les éponger sur un torchon, puis les disposer dans un plat creux.

Dans la même casserole, déposer les légumes en rondelles, les faire suer rapidement en les remuant en permanence. Les égoutter dans une passoire pour éliminer l'huile d'olive, puis les redéposer dans la casserole. Ajouter le vin blanc et le vinaigre ainsi que le gingembre, le gros sel, le poivre en grains, le thym et le laurier.
À la première ébullition, ajouter 2 dl d'eau puis porter à ébullition pendant 12 mn.

Verser bouillant sur les filets de rouget. Attendre le refroidissement et les laisser mariner ainsi pendant 24 h au réfrigérateur.

PRÉSENTATION

Le lendemain, servir bien frais, accompagné de quelques cuillerées de marinade.

TERRINE DE LÉGUMES «FRAÎCHEUR»

162 KCAL PAR PERSONNE

MARCHÉ POUR 8 PERSONNES

600 G DE NOIX DE VEAU
80 G DE HARICOTS VERTS
300 G DE FROMAGE BLANC À **0** %
100 G DE CAROTTE
3 JEUNES POIREAUX
150 G DE PETITS FONDS D'ARTICHAUT (**3** PIÈCES DE PRÉFÉRENCE)
2 BLANCS D'ŒUFS
8 G DE SEL FIN, **1** PINCÉE DE POIVRE BLANC

MATÉRIEL SPÉCIFIQUE : 1 TERRINE EN FONTE

PRÉPARATION

Si vous utilisez des artichauts frais, les débarrasser de leurs feuilles tout autour du fond, à l'aide d'un couteau, et les cuire 20 à 30 mn dans de l'eau bouillante salée et citronnée. Après cuisson, ôter le foin situé dans le cœur de l'artichaut.

Hacher au robot la noix de veau salée et poivrée. Ajouter les blancs d'œufs. Mixer à nouveau. Ajouter le fromage blanc. Mixer rapidement pour bien l'incorporer. Passer cette farce au tamis.

Équeuter les haricots verts, les laver. Éplucher les carottes, les couper en quatre dans le sens de la longueur. Couper les extrémités des poireaux, bien les laver. Cuire tous ces légumes à l'eau bouillante salée, puis arrêter leur cuisson en les plongeant dans de l'eau glacée. Bien les égoutter en les épongeant sur un torchon.

Dans une terrine, disposer une première couche de farce de 1 cm d'épaisseur, puis les haricots verts alignés les uns derrière les autres sur 5 à 6 rangées. Recouvrir d'une deuxième couche de farce de 1 cm, puis aligner les carottes les unes derrière les autres sur 3 rangées. Recouvrir d'une troisième couche de farce de 1 cm, puis disposer les fonds d'artichaut bien calibrés les uns derrière les autres. Recouvrir d'une quatrième couche de farce, puis disposer les poireaux en les espaçant légèrement. Achever de couvrir les poireaux avec le reste de la farce. Bien tasser la terrine en la tapotant sur une planche pour éliminer les bulles d'air éventuelles. Cuire au four, au bain-marie à 150° (th. 5) pendant 40 mn, ou dans un four mixte (air pulsé et vapeur) à 70° pendant 45 mn.

Laisser refroidir avant de démouler (pour faciliter cette opération, passer un couteau à lame fine, sur tout le tour, à l'intérieur de la terrine).

PRÉSENTATION

Découper en tranches (de préférence avec un couteau électrique), avec précaution pour ne pas écraser les légumes.

On peut accompagner ce mets d'une vinaigrette aux agrumes (voir recette p. 128) ou d'une sauce maraîchère (p. 126).

COROLLES D'ARTICHAUT AU CHÈVRE FRAIS

167 KCAL PAR PERSONNE

MARCHÉ POUR 4 PERSONNES

2 PETITS FROMAGES DE CHÈVRE FRAIS DE 70 G
140 G DE FROMAGE BLANC À 0 %
2 CL DE VINAIGRE D'ESTRAGON
1 CUILLERÉE À SOUPE DE CIBOULETTE CISELÉE
4 FONDS D'ARTICHAUT DE 80 G CHACUN
3 TOMATES (PELÉES, ÉPÉPINÉES ; 150 G AU TOTAL)
4 CUILLERÉES À SOUPE DE VINAIGRETTE AU CONSOMMÉ (VOIR RECETTE P. 127)
QUELQUES PLUCHES DE CERFEUIL ET D'ANETH
SEL FIN, POIVRE DU MOULIN

PRÉPARATION

Écraser le chèvre frais à la fourchette, puis le mélanger avec le fromage blanc, la ciboulette ciselée, le vinaigre d'estragon, 1 pincée de sel fin et 2 tours de moulin de poivre. Bien mélanger tous ces ingrédients, puis les mouler en 12 petites quenelles à la cuillère à entremets.

Couper les fonds d'artichaut en six, une fois cuits. Si vous utilisez des artichauts frais, les débarrasser de leurs feuilles tout autour du fond, à l'aide d'un couteau, et les cuire 20 à 30 mn dans de l'eau bouillante salée et citronnée. Au terme de la cuisson, ôter le foin situé dans le cœur de l'artichaut.

Peler les tomates (après les avoir trempées 10 s dans de l'eau bouillante), puis les épépiner après les avoir coupées en deux.

Tailler chaque demi-tomate en quatre de façon à obtenir des triangles.

PRÉSENTATION

Dresser au milieu de chaque assiette 3 quenelles de chèvre frais, les entourer de 6 quartiers d'artichaut, intercalés avec autant de quartiers de tomate. Entourer d'un cordon de vinaigrette au consommé et disposer en alternance des pluches de cerfeuil et d'aneth.

PHOTO PAGE 43

SALADE DE MÂCHE, SAINT-JACQUES ET SAUMON À L'ANETH

215 KCAL PAR PERSONNE

MARCHÉ POUR 4 PERSONNES

250 G DE SAUMON FRAIS EN FILET
300 G DE NOIX DE SAINT-JACQUES
1 BARQUETTE DE MÂCHE
100 G DE CAROTTE
2 CITRONS
1 CUILLERÉE À SOUPE D'HUILE D'OLIVE
1 BOTTE D'ANETH
SEL FIN, POIVRE DU MOULIN

MATÉRIEL SPÉCIFIQUE : 1 EMPORTE-PIÈCE ROND DE 4 CM DE DIAMÈTRE

PRÉPARATION

Séparer les feuilles de mâche. Les laver. Réserver.

Éplucher la carotte, la tailler en julienne très fine (c'est-à-dire en filaments) et la mettre à tremper dans de l'eau glacée pendant une demi-heure environ (ce qui a pour effet de la friser).

Couper les noix de Saint-Jacques en fines lamelles (1 mm d'épaisseur) ainsi que le filet de saumon. À l'aide d'un emporte-pièce, tailler le

SALADE DE LANGOUSTE ROYALE AUX CARCIOFINIS ET POINTES D'ASPERGES (RECETTE PAGE SUIVANTE)

maximum de rondelles possible de saumon, qui auront ainsi la même forme que les Saint-Jacques.

Disposer au fond d'un plat quelques pluches d'aneth. Disposer dessus côte à côte les rondelles de saumon et de Saint-Jacques. Réserver au frais.

Presser les citrons et fouetter le jus obtenu avec l'huile d'olive. Verser ce mélange sur les rondelles de Saint-Jacques et de saumon, après les avoir assaisonnées de sel et de quelques tours de moulin de poivre. Laisser mariner ainsi pendant 2 à 3 mn.

PRÉSENTATION

Disposer sur le pourtour de chaque assiette les feuilles de mâche. Les faire chevaucher avec les rondelles de Saint-Jacques et de saumon alternées en rosace. Terminer au centre avec un bouquet de julienne de carotte et quelques pluches d'aneth. Verser sur chaque assiette 1 à 2 cuillerées de marinade.

SALADE DE LANGOUSTE ROYALE AUX CARCIOFINIS ET POINTES D'ASPERGES

218 KCAL PAR PERSONNE

MARCHÉ POUR 3 PERSONNES

1 LANGOUSTE ROYALE DE 1,2 KG
24 POINTES D'ASPERGES VERTES
6 FONDS DE PETITS ARTICHAUTS (CARCIOFINI)
1 CŒUR DE SALADE FRISÉE
QUELQUES PLUCHES DE CERFEUIL
GROS SEL,
THYM,
LAURIER,
POIVRE EN GRAINS
3 CUILLERÉES À SOUPE DE VINAIGRETTE AU BASILIC OU AUX AGRUMES (VOIR RECETTES P. 126 ET P. 128)

PRÉPARATION

Porter à ébullition une grande casserole d'eau dans laquelle on ajoute 1 pincée de gros sel, 1 brindille de thym, 1 feuille de laurier et une quinzaine de grains de poivre.

Y plonger la langouste en vérifiant qu'elle est bien immergée, et compter 16 mn de cuisson après la reprise de l'ébullition ; cuire à petits frémissements.

Pendant ce temps, éplucher les asperges vertes, les tailler à 6 cm de longueur et les cuire 8 mn à l'eau bouillante salée.

Dès qu'elles sont cuites, les plonger dans l'eau glacée afin qu'elles conservent leur couleur.

Si vous utilisez des artichauts frais, les débarrasser de leurs feuilles tout autour du fond, à l'aide d'un couteau, et les cuire 20 à 30 mn dans de l'eau bouillante salée et citronnée.

PHOTO PAGE PRÉCÉDENTE

Après cuisson, ôter le foin situé dans le cœur de l'artichaut.

Les rafraîchir, puis les couper en lamelles.

Après cuisson, laisser refroidir la langouste, la décortiquer soigneusement, sans casser la queue, puis couper environ 24 médaillons assez fins. Conserver les chutes.

Trier et laver le cœur de la salade frisée, l'égoutter, puis en disposer quelques feuilles au centre des assiettes.

PRÉSENTATION

Disposer autour de la salade frisée les médaillons de langouste. Intercaler une tranche d'artichaut et une pointe d'asperge.

Répartir les chutes de langouste sur la salade, ainsi que quelques pluches de cerfeuil.

Assaisonner avec une vinaigrette au basilic ou aux agrumes.

FILET DE SAUMON MARINÉ À LA BADIANE EN CROUSTILLE DE PARMESAN

250 KCAL PAR PERSONNE

MARCHÉ POUR 4 PERSONNES

160 G DE FILET DE SAUMON FRAIS
160 G DE SAUMON FUMÉ (4 TRANCHES)
80 G DE PARMESAN RÂPÉ
30 G DE CONCOMBRE
2 CUILLERÉES À SOUPE D'HUILE D'OLIVE
1/2 CUILLERÉE À SOUPE DE VINAIGRE BALSAMIQUE
10 G DE FLEUR DE SEL
12 ÉTOILES DE BADIANE (ANIS ÉTOILÉ)
QUELQUES PLUCHES DE CERFEUIL
SEL FIN, POIVRE DU MOULIN

POUR LA MARINADE :
10 G DE BADIANE
50 G DE GROS SEL
20 G DE SUCRE EN POUDRE
20 G DE POIVRE MIGNONNETTE

PRÉPARATION

Ôter, à l'aide d'une pince à épiler, les arêtes qui pourraient subsister sur le filet de saumon frais.

Préparer la marinade en mélangeant tous les ingrédients. Poser sur un plat le filet de saumon frais, côté peau en dessous et le recouvrir entièrement avec ce mélange. Recouvrir d'un linge et laisser ainsi au frais pendant 6 h.

Pendant ce temps, étaler 8 petits tas très fins de parmesan sur une plaque antiadhésive et les passer une minute sous le gril du four, jusqu'à ce que le fromage fonde, sans trop de coloration. Sortir la plaque du four, laisser refroidir les tuiles de parmesan ainsi réalisées, avant de les détacher très délicatement.

PHOTO PAGE SUIVANTE

Peler le concombre et le tailler en petits dés de 2 mm. Réserver.

Confectionner une vinaigrette avec l'huile d'olive, le vinaigre balsamique, une pincée de sel fin et 2 tours de moulin de poivre, sans trop la battre, de façon que le vinaigre apparaisse en petites gouttelettes au sein de la vinaigrette.

Au terme des 6 h de marinade, retirer les ingrédients qui recouvrent le saumon et rincer ce dernier rapidement à l'eau froide. Bien l'égoutter, le sécher à l'aide d'un torchon, puis le tailler de biais en 4 tranches très fines.

FINITION ET PRÉSENTATION

Plier légèrement les tranches de saumon fumé pour leur donner du volume et les déposer au centre des assiettes. Les surmonter délicatement d'une tuile de parmesan, sans la casser. Poser dessus de la même façon une tranche de saumon mariné et surmonter d'une deuxième tuile de parmesan. Entourer d'un cordon de vinaigrette. Décorer harmonieusement avec les étoiles de badiane, les dés de concombre, la fleur de sel et les pluches de cerfeuil. Servir bien frais.

Utiliser de préférence un parmesan jeune (grana par exemple) afin d'éviter l'amertume après cuisson des tuiles.

MOUCLADE

69 Kcal par personne

Marché pour 4 personnes

1 kg de moules de bouchot
50 g d'oignon
100 g de fromage blanc
1 dl de vin blanc sec
2 branches de persil
1 brindille de thym
poivre du moulin

Préparation et cuisson

Gratter et laver les moules.

Ciseler finement l'oignon. Le déposer dans une casserole avec le vin blanc. Porter à ébullition, puis ajouter les queues de persil, le thym, les moules et deux tours de moulin à poivre.

Poser un couvercle sur la casserole et porter à feu vif. Après une dizaine de minutes de cuisson, quand les moules sont bien ouvertes, les égoutter et faire réduire de moitié sur le feu le jus de cuisson.

Pendant ce temps, séparer en deux chaque moule, de façon à ne laisser qu'une seule coquille, et les répartir côte à côte au fond de 4 assiettes creuses.

Une fois le jus de cuisson réduit, ajouter le fromage blanc, tenir au chaud sans porter à ébullition, et passer au chinois étamine sur les moules.

Présentation

On peut parsemer un peu de feuilles de persil hachées sur chaque assiette.

HUÎTRES POCHÉES AU PETIT COURT-BOUILLON

92 Kcal par personne

Marché pour 4 personnes

24 huîtres creuses N° 0
1 échalote
1 oignon
1 bouquet garni
1 carotte moyenne
1 branche de céleri
1 citron vert
2 dl de vin blanc sec
2 cuillerées à soupe de vinaigre d'alcool
poivre en grains

Préparation et cuisson

Éplucher et laver tous les légumes, les émincer finement. Les disposer dans une casserole.

Verser sur les légumes le vin blanc et le vinaigre. Porter à ébullition, mouiller avec 30 cl d'eau et cuire 25 mn, en ajoutant le bouquet garni et le poivre en grains.

Ouvrir les huîtres délicatement et en récupérant l'eau. Disposer les chairs d'huîtres dans une casserole. Verser dessus l'eau des huîtres, filtrée au préalable. Mettre sur le feu. Retirer au premier frémissement. Égoutter les huîtres.

Présentation

Disposer 6 huîtres dans chaque assiette. Incorporer l'eau de cuisson du pochage dans le court-bouillon et verser sur les huîtres ce court-bouillon bouillant.

Décorer avec des demi-rondelles de citron vert. Servir tiède.

GRATIN D'ARTICHAUT À LA DUXELLES

120 KCAL PAR PERSONNE

MARCHÉ POUR 4 PERSONNES

4 FONDS D'ARTICHAUT DE 70 G
20 G DE CHAMPIGNONS DE PARIS
1 CŒUR DE SALADE FRISÉE
2 JAUNES D'ŒUFS
50 G DE FROMAGE BLANC
60 G DE MONVELAY (FROMAGE À 20 % DE MATIÈRE GRASSE)
1 ÉCHALOTE
SEL FIN, POIVRE DU MOULIN

PRÉPARATION ET CUISSON

Si vous utilisez des artichauts frais, les débarrasser de leurs feuilles tout autour du fond, à l'aide d'un couteau, et les cuire 20 à 30 mn dans de l'eau bouillante salée et citronnée. Les rafraîchir, ôter le foin situé dans le cœur de l'artichaut.

Couper les pieds des champignons, les laver rapidement, puis les égoutter. Les hacher au robot. Ciseler finement l'échalote. Assaisonner. Recouvrir d'un papier sulfurisé et cuire pendant 8 à 10 mn à feu moyen cette duxelles. Conserver au chaud.

Trier et laver la salade frisée. Ôter la croûte du monvelay et le râper.

Émulsionner au bain-marie les deux jaunes d'œufs avec une cuillerée à soupe d'eau. Quand une bonne onctuosité est obtenue, ajouter hors du feu le fromage blanc et un tour de moulin de poivre, puis le monvelay râpé. Bien mélanger.

Émincer les artichauts en 5 à 6 lamelles. Les répartir dans chaque assiette ou dans un plat à gratin. Recouvrir avec le sabayon au monvelay. Faire gratiner sous le gril du four jusqu'à l'obtention d'une couleur tigrée.

PRÉSENTATION

Dans chaque assiette, déposer sur le côté du gratin une quenelle de duxelles et un monticule de salade frisée.

CAPÛN DE LÉGUMES PROVENÇAUX AUX MOULES DE BOUCHOT

146 KCAL PAR PERSONNE

MARCHÉ POUR 4 PERSONNES

1 KG DE MOULES DE BOUCHOT
100 G DE COURGETTE
200 G DE TOMATE
100 G D'AUBERGINE
4 FEUILLES DE CHOU
50 G D'OIGNON
50 G DE POIVRON ROUGE
1 DL DE VIN BLANC
50 G D'ÉCHALOTE
1 CUILLERÉE À SOUPE D'HUILE D'OLIVE
THYM, LAURIER
SEL FIN, POIVRE DU MOULIN

PRÉPARATION ET CUISSON

Gratter et laver les moules. Éplucher et ciseler finement l'échalote. La porter à ébullition avec le vin blanc, puis déposer dessus les moules. Ajouter une brindille de thym, quelques tours de moulin de poivre. Faire ouvrir à feu vif, à couvert. Après cuisson (lorsque les moules sont ouvertes), les décortiquer et les conserver dans le jus passé au chinois étamine.

Faire bouillir les feuilles de chou pendant 4 mn dans de l'eau salée. Rafraîchir à l'eau glacée. Égoutter sur un torchon. Éplucher les tomates (après les avoir trempées 10 s dans l'eau bouillante), les couper en deux, les épépiner, puis les couper en petits dés. En réserver 100 g pour la sauce.

Tailler tous les autres légumes en petits dés (25 g d'oignon seulement), les faire sauter rapidement et séparément dans une poêle avec l'huile d'olive. Au terme de chaque cuisson, les égoutter dans une passoire de façon à éliminer la matière grasse de cuisson. Les rassembler, les assaisonner, ajouter quelques moules décortiquées, puis garnir chaque feuille de chou avec ce mélange. Bien replier, comme une paupiette, ces capûns.

Émincer finement le reste de l'oignon. Le faire suer rapidement et sans coloration dans une casserole ; ajouter les tomates réservées pour la sauce. Mouiller avec 8 cl du jus de cuisson de moules. Cuire à feu doux pendant 12 mn. Mixer et passer au chinois.

PRÉSENTATION

Réchauffer doucement les capûns au four (classique ou à micro-ondes). Les servir accompagnés de la sauce et entourés de quelques moules décortiquées.

COROLLES D'ARTICHAUT ET ŒUF POCHÉ AU CURRY

157 KCAL PAR PERSONNE

MARCHÉ POUR 4 PERSONNES

- **4 FONDS D'ARTICHAUT DE 80 G**
- **4 ŒUFS ENTIERS**
- **2 JAUNES D'ŒUFS**
- **40 G DE FROMAGE BLANC**
- **4 CUILLERÉES À SOUPE DE VINAIGRE BLANC**
- **SEL FIN, POIVRE DU MOULIN**
- **1 BONNE PINCÉE DE CURRY**

PRÉPARATION ET CUISSON

Si vous utilisez des artichauts frais, les débarrasser de leurs feuilles tout autour du fond, à l'aide d'un couteau, et les cuire 20 à 30 mn dans de l'eau bouillante salée et citronnée. Au terme de la cuisson, ôter le foin situé dans le cœur de l'artichaut.

Porter à petite ébullition 1 litre d'eau et le vinaigre blanc. Casser les œufs séparément dans des tasses. Les plonger délicatement dans l'eau frémissante. Au bout de 30 s, les retourner très délicatement à l'aide d'une spatule en bois. Après 3 mn de cuisson, les retirer et les plonger dans de l'eau glacée. Conserver l'eau de cuisson.

Pour la sauce : Émulsionner au bain-marie les deux jaunes d'œufs avec une cuillerée à soupe d'eau. Quand une bonne onctuosité est obtenue, ajouter, hors du feu, le fromage blanc et le curry. Assaisonner de sel fin et poivre du moulin. Conserver au bain-marie pour tiédir la sauce.

COROLLES D'ARTICHAUT AU CHÈVRE FRAIS
(RECETTE PAGE 34)

FINITION ET PRÉSENTATION

Découper chaque fond d'artichaut en 6 quartiers. Plonger les œufs pochés 20 s dans l'eau de cuisson frémissante pour les réchauffer. Les égoutter sur un torchon et les disposer au centre de chaque assiette. Napper avec la sauce. Entourer avec les quartiers d'artichauts.

SALADE DE CAILLES AUX POMMES CARAMÉLISÉES

192 KCAL PAR PERSONNE

MARCHÉ POUR 4 PERSONNES

4 CAILLES
1 CŒUR DE SALADE FRISÉE
2 POMMES MELROSE
50 G D'OIGNON
1 PETITE BRANCHE DE CÉLERI
1 CUILLERÉE À SOUPE D'HUILE D'ARACHIDE
1 CUILLERÉE À SOUPE DE CALVADOS
SEL FIN, POIVRE DU MOULIN

PRÉPARATION ET CUISSON

Saisir les cailles (de façon à les colorer) dans une petite sauteuse, sur toutes leurs faces, avec l'huile d'arachide. Assaisonner, puis terminer la cuisson à four chaud (th. 7) pendant 15 à 20 mn selon grosseur. Vérifier la cuisson. Retirer les cailles et les égoutter, puis couper les pattes et lever les ailes sur la carcasse. Conserver tous ces morceaux au chaud. Concasser en menus morceaux les carcasses. Les mettre dans le plat de cuisson, les faire dorer à feu doux avec l'oignon et la branche de céleri coupés en petits dés. Mouiller avec 30 cl d'eau. Porter à ébullition et déglacer les sucs contenus au fond du plat de cuisson à l'aide d'une spatule. Faire réduire ce jus jusqu'à obtenir 5 cl, puis le passer au chinois. Rectifier l'assaisonnement.

Éplucher les pommes, les couper en deux, les épépiner, puis les couper en quartiers. Les faire dorer sur chaque face dans une poêle antiadhésive, sans matière grasse, puis les flamber au calvados (ainsi l'alcool s'évapore). Réserver.

Laver, trier la salade frisée, n'en garder que le cœur, bien blanc.

PRÉSENTATION

Disposer au centre de chaque assiette un petit monticule de salade. Poser dessus les pattes de cailles entrecroisées. Disposer autour en alternance, des quartiers de pommes caramélisées et des lamelles d'ailes de caille coupées en biseau. Entourer d'un cordon de sauce.

ŒUF POCHÉ EN PAPILLOTE DE SAUMON FUMÉ

195 KCAL PAR PERSONNE

MARCHÉ POUR 4 PERSONNES

4 TRANCHES FINES DE SAUMON FUMÉ
4 ŒUFS ENTIERS
2 JAUNES D'ŒUFS
1 CITRON
80 G DE FROMAGE BLANC LISSE
1 DL DE VINAIGRE BLANC
10 G DE POIVRON ROUGE
10 G DE POIVRON VERT
10 G DE POIVRON JAUNE
QUELQUES PLUCHES DE CERFEUIL
SEL FIN, POIVRE DU MOULIN

PRÉPARATION ET CUISSON

Pocher les œufs dans de l'eau vinaigrée (vinaigre blanc) frémissante pendant 3 mn. Les rafraîchir à l'eau glacée. Conserver l'eau de cuisson pour les réchauffer par la suite.

Découper en petits dés tous les poivrons qui vont servir à la décoration. Les cuire rapidement (2 mn) à l'eau bouillante salée et les rafraîchir à l'eau glacée pour qu'ils conservent leur couleur. Bien les égoutter.

Pour la sauce : Monter un sabayon, en émulsionnant au fouet, au bain-marie, 2 jaunes d'œufs et une cuillerée à soupe d'eau. Quand une bonne onctuosité est obtenue, ajouter le fromage blanc, puis le jus du citron. Saler et poivrer. Tenir au chaud.

Réchauffer les œufs pochés en les plongeant 30 s dans leur eau de cuisson frémissante. Les égoutter sur un torchon et envelopper chacun délicatement dans une tranche de saumon fumé. Les poser au centre de chaque assiette.

PRÉSENTATION

Entourer avec la sauce. Parsemer sur le pourtour les dés de poivrons. Décorer d'une pluche de cerfeuil.

CHOU FARCI AUX PETITS LÉGUMES ET HUÎTRES POCHÉES

197 KCAL PAR PERSONNE

MARCHÉ POUR 4 PERSONNES

200 G DE MOULES DE BOUCHOT
200 G DE COQUES
20 HUÎTRES CREUSES N° 2
4 BELLES FEUILLES DE CHOU VERT
100 G DE CHAMPIGNONS DE PARIS
100 G DE POIREAU
80 G DE FROMAGE BLANC LISSE
2 JAUNES D'ŒUFS
20 G D'ŒUFS DE SAUMON
1 DL DE VIN BLANC
1 GROS OIGNON
1/2 CITRON
1 BRINDILLE DE THYM
SEL FIN
POIVRE DU MOULIN

PRÉPARATION ET CUISSON

Faire bouillir les feuilles de chou pendant 4 mn dans de l'eau salée. Les rafraîchir à l'eau glacée, puis les égoutter.

Gratter et laver les moules et les coques. Hacher l'oignon. Le cuire pendant 3 mn avec le vin blanc et le thym. Ajouter les coquillages, et les faire ouvrir ainsi, à couvert, pendant 4 à 5 mn à feu vif. Après cuisson, les décortiquer et filtrer le jus.

Ouvrir les huîtres. Conserver leur jus et le filtrer. Tailler en julienne (c'est-à-dire en filaments très minces) le poireau et les champignons débarassés de leurs pieds et lavés dans une casserole, les cuire à l'étouffée pendant 5 à 6 mn dans un peu de jus de cuisson des coquillages, recouverts d'un papier sulfurisé ou d'aluminium.

Mélanger la julienne de légumes et les coquillages décortiqués. Assaisonner de poivre du moulin et de sel fin si nécessaire. Farcir les feuilles de chou avec ce mélange. Réchauffer au four à micro-ondes ou à four doux de façon à ne pas les dessécher.

Pour la sauce : Émulsionner au bain-marie les 2 jaunes d'œufs avec une cuillerée à soupe et demie d'eau de cuisson des coquillages. Quand ce sabayon est bien onctueux, ajouter le fromage blanc, puis le jus d'un demi-citron. Réserver au chaud, surtout sans porter à ébullition (au bain-marie de préférence).

Faire bouillir le jus filtré des huîtres, auquel on ajoute le reste de l'eau de cuisson des coquillages. Plonger dans cette eau de cuisson les huîtres décortiquées. Les laisser 3 s et les égoutter tout de suite.

PRÉSENTATION

Poser au centre de chaque assiette une feuille de chou farcie. Entourer de sauce. Dresser autour du chou 5 huîtres pochées encore chaudes sur lesquelles on pose délicatement, à l'emplacement du nerf qui les relie à la coquille, quelques œufs de saumon.

SALADE DE CRUSTACÉS ET HUÎTRES TIÈDES AU COULIS D'ÉTRILLES INFUSÉ DE FENOUILLETTE

(En hommage à mon ami Pierre-Yves Lorgeoux)

200 Kcal par personne

Marché pour 2 personnes

- 6 huîtres n° 2
- 1 petit tourteau cuit
- 150 g d'étrilles
- 150 g de tomate
- 20 g d'oignon
- 20 g de carotte
- 20 g de céleri branche
- 4 cuillerées à soupe de vin blanc
- 2 cuillerées à soupe d'huile d'arachide
- 1 cuillerée à soupe de vinaigre de Xérès
- 5 g de concentré de tomate
- quelques pluches de fenouillette
- sel fin
- poivre du moulin

Matériel spécifique: 1 cercle de 10 cm de diamètre

PRÉPARATION ET CUISSON

Décortiquer le tourteau cuit en prenant soin de ne pas laisser de cartilages.

Peler la tomate (après l'avoir plongée 10 s dans l'eau bouillante). La couper en deux, l'épépiner, la couper en petits dés, l'assaisonner et réserver.

Faire saisir vivement sur le feu, dans une casserole avec quelques larmes d'huile d'arachide, les étrilles grossièrement concassées, jusqu'à ce qu'elles rougissent.

Ajouter l'oignon, le céleri branche et la carotte émincée. Faire suer pendant 1 mn sans coloration, puis ajouter le vin blanc. Porter à ébullition. Ajouter le concentré de tomate et un demi-litre

Brochette de grosses langoustines et coquilles Saint-Jacques à la citronnelle (recette page suivante)

d'eau (l'eau peut être remplacée par un bouillon de volaille). Laisser cuire 30 mn à petits frémissements.

En fin de cuisson, mixer le tout, puis passer au chinois étamine en pressant très fort, pour bien récupérer toutes les saveurs de cuisson.

Pendant la cuisson du coulis, préparer une vinaigrette avec 2 cuillerées à soupe d'huile d'arachide, 1 cuillerée à soupe de vinaigre de Xérès et des pluches de fenouillette (on peut les remplacer par des graines d'anis). Confectionner la sauce en mélangeant au mixer 6 cl de coulis (5 cuillerées à soupe) et 3 cuillerées à soupe de vinaigrette. Réserver.

Ouvrir les huîtres en récupérant leur eau, les décortiquer et les pocher quelques secondes dans leur jus filtré, sans les porter à ébullition.

PRÉSENTATION

Disposer au centre de l'assiette, dans un cercle, le tourteau émietté. Lisser par-dessus la tomate concassée, puis disposer 3 huîtres tièdes. Verser autour la sauce chaude. Décorer le pourtour avec les extrémités de branches de fenouillette.

BROCHETTE DE GROSSES LANGOUSTINES ET COQUILLE SAINT-JACQUES À LA CITRONNELLE

208 KCAL PAR PERSONNE

MARCHÉ POUR 4 PERSONNES

8 GROSSES LANGOUSTINES VIVANTES
4 NOIX DE COQUILLE SAINT-JACQUES
300 G DE BLANC DE POIREAU
4 BRANCHES DE CITRONNELLE
1 JAUNE D'ŒUF
30 G DE FROMAGE BLANC LISSE
4 CUILLERÉES À SOUPE DE VIN BLANC SEC
1 DL DE FUMET DE POISSON **(VOIR RECETTE P. 130)**
SEL FIN
POIVRE DU MOULIN

PRÉPARATION ET CUISSON

Décortiquer à cru les langoustines.

Effeuiller les branches de citronnelle de façon à leur donner l'épaisseur d'une brochette. Les couper pour obtenir une longueur de 16 cm. Conserver les chutes.

Confectionner 4 brochettes à l'aide des bâtonnets obtenus, et disposer sur chacune 2 queues de langoustine et 1 noix de Saint-Jacques.

Pour la sauce : Porter à ébullition le vin blanc avec les chutes de citronnelle.

Ajouter le fumet de poisson et faire réduire des deux tiers. Le verser sur le jaune d'œuf après l'avoir passé et émulsionner au fouet, au bain-marie. Quand une bonne onctuosité est obtenue, ajouter le fromage blanc. Assaisonner et réserver au bain-marie.

Faire saisir rapidement dans une poêle antiadhésive, les brochettes sur chaque face, puis terminer la cuisson au four à 150° pendant 4 à 5 mn, selon l'épaisseur des Saint-Jacques.

Tailler le blanc de poireau en fine julienne (c'est-à-dire en filaments très minces), puis le cuire à la vapeur. Bien l'assaisonner.

PRÉSENTATION

Dresser au milieu de chaque assiette la julienne de poireau, en lui donnant un peu de volume à l'aide d'une fourchette. Poser dessus une brochette et verser à la cuillère un cordon de sauce tout autour.

LANGOUSTINES SAUTÉES AUX MOUSSERONS, POMMES ET COINGS

210 KCAL PAR PERSONNE

MARCHÉ POUR 4 PERSONNES

1,2 KG DE LANGOUSTINES MOYENNES
200 G DE POMMES ROUGES (MELROSE OU FUJI)
200 G DE COINGS
200 G DE MOUSSERONS
1 CUILLERÉE À SOUPE DE VINAIGRE DE CIDRE
1 CUILLERÉE À SOUPE DE MIEL D'ACACIA
1 CUILLERÉE À SOUPE D'HUILE D'OLIVE
SEL FIN
POIVRE DU MOULIN
GROS SEL
SAFRAN, THYM, LAURIER

PRÉPARATION ET CUISSON

Faire bouillir dans une grande casserole 3 litres d'eau avec du gros sel, du thym et du laurier. Plonger les langoustines dans cette eau de cuisson. Leur donner 2 mn d'ébullition puis les égoutter et les décortiquer. Couper les pieds des mousserons, les essuyer avec un torchon. S'ils sont vraiment très sales, les plonger très rapidement dans une grande quantité d'eau en les remuant délicatement et les retirer immédiatement. Les essuyer.

Éplucher les pommes et les coings, les couper en quartiers, pas trop épais. Les étaler les uns à côté des autres dans une casserole sans les superposer. Les saupoudrer d'une pincée de safran et les recouvrir d'eau à hauteur (c'est-à-dire guère plus de 2 cm d'épaisseur). Leur donner 3 mn d'ébullition, puis les laisser mariner dans leur cuisson pendant au moins 30 mn. Les égoutter, puis à l'aide d'un pinceau, les recouvrir de miel et les caraméliser sous le gril du four. Dans une poêle, chauffer l'huile d'olive. Quand elle est fumante, ajouter les queues de langoustines et les faire dorer vivement sur chaque face pendant environ 30 s. Les retirer, et déposer dans la même poêle les mousserons. Les assaisonner et les poêler ainsi vivement pendant 1 mn. Déglacer avec le vinaigre de cidre.

PRÉSENTATION

Dans les assiettes, disposer au centre les mousserons. Poser dessus les langoustines poêlées. Disposer autour en les alternant les quartiers de pomme et de coing.

Accompagner ce plat d'une sauce américaine (voir recette p. 128) légèrement étendue avec un peu de jus de cuisson des fruits au safran.

BROUILLADE D'ÉCREVISSES AUX GIROLLES

215 KCAL PAR PERSONNE

MARCHÉ POUR 4 PERSONNES

20 ÉCREVISSES
160 G DE GIROLLES
(PETITES DE PRÉFÉRENCE)
8 ŒUFS
1 CUILLERÉE À SOUPE D'HUILE D'OLIVE
1 CUILLERÉE À SOUPE DE VINAIGRE DE XÉRÈS
1 ÉCHALOTE
SEL FIN
POIVRE DU MOULIN
GROS SEL

PRÉPARATION ET CUISSON

Nettoyer les girolles au pinceau, puis les essuyer, après en avoir gratté le pied, et les couper en lamelles. Réserver. Ciseler finement l'échalote.

Ébouillanter pendant 30 s à l'eau salée les écrevisses après avoir éliminé le boyau central en tirant et en tournant sur la pale centrale de la queue. Les décortiquer et réserver sur une assiette.

Dans une poêle verser l'huile d'olive. Quand elle est bien chaude, faire sauter vivement les écrevisses pour les colorer légèrement et en terminer la cuisson (pendant 30 s). Les égoutter sur un torchon.

Dans la même poêle, déposer les girolles, puis l'échalote et les faire sauter vivement pendant 4 à 5 mn. Déglacer d'un trait de vinaigre de Xérès.

Battre les œufs, les assaisonner et les cuire au bain-marie en les remuant en permanence avec une spatule (cette opération est longue, mais nécessaire si l'on veut des œufs brouillés très moelleux).

PRÉSENTATION

Dans chaque assiette creuse disposer les œufs. Sur le milieu déposer quelques girolles surmontées de 5 queues d'écrevisses.

On peut disposer autour des œufs un cordon de coulis d'écrevisse ; il suffit de suivre la recette de la sauce américaine (voir p. 128) en remplaçant les carcasses citées par celles des écrevisses.

ROYALE DE FOIE DE VOLAILLE À LA VINAIGRETTE TIÈDE DE FRAMBOISE

221 KCAL PAR PERSONNE

MARCHÉ POUR 4 PERSONNES

100 G DE FOIES DE VOLAILLE
1 JAUNE D'ŒUF
2 ŒUFS ENTIERS
30 CL DE LAIT ÉCRÉMÉ
1/2 CUILLERÉE À CAFÉ DE MAÏZENA OU DE FÉCULE
1/2 GOUSSE D'AIL
2 CUILLERÉES À SOUPE DE VINAIGRE DE FRAMBOISE
4 CUILLERÉES À SOUPE D'HUILE DE TOURNESOL
1 ÉCHALOTE
SEL
POIVRE DU MOULIN

MATÉRIEL SPÉCIFIQUE : 4 RAMEQUINS

PRÉPARATION ET CUISSON

Hacher les foies de volaille crus (bien ôter les parties verdâtres s'il y en a), puis les passer au tamis. Cuire la demi-gousse d'ail à l'eau salée (après avoir ôté le germe) et l'écraser en purée.

FEUILLETÉS DE PETIT-GRIS AUX CHAMPIGNONS, CRÈME DE PERSIL (RECETTE PAGE SUIVANTE)

Dans un saladier, mélanger les œufs, le jaune, le sel, le poivre, le lait, puis la purée de foies de volaille, la purée d'ail et la fécule. Verser dans des ramequins.

Cuire à four moyen (th. 5) au bain-marie, pendant une vingtaine de minutes (selon la taille des ramequins). Laisser reposer au chaud dans le four éteint, porte entrouverte, pendant 5 mn, puis démouler délicatement.

Ciseler finement l'échalote, la mélanger au vinaigre et à l'huile, assaisonner et faire tiédir sur le feu.

PRÉSENTATION

Poser au centre de l'assiette une « royale » de foie de volaille. Entourer avec la vinaigrette tiède.

LANGOUSTINES POÊLÉES AUX SENTEURS DES BOIS

280 KCAL PAR PERSONNE

MARCHÉ POUR 2 PERSONNES

16 LANGOUSTINES MOYENNES	**1 BOUQUET GARNI**
200 G DE GIROLLES	**1 ÉCHALOTE**
100 G DE MOUSSERONS	**POIVRE DU MOULIN, SEL FIN**
3 CL D'HUILE D'OLIVE (30 G)	**GROS SEL**
2 CL DE VINAIGRE DE XÉRÈS	**POIVRE EN GRAINS**

PRÉPARATION ET CUISSON

Confectionner une eau de cuisson avec le gros sel, le bouquet garni et le poivre en grains. Porter à ébullition, y plonger les langoustines et les cuire « à peine ». Les décortiquer. Réserver au frais.

Nettoyer les girolles, couper la partie terreuse, les passer rapidement sous le robinet si elles sont vraiment sales, les essuyer. Réserver au frais. Renouveler cette opération pour les mousserons.

Faire suer rapidement l'échalote ciselée dans 1 cuillerée à soupe d'huile d'olive. Ajouter les girolles coupées grossièrement et les mousserons. Assaisonner de sel fin et de poivre du moulin. Les cuire à feu vif jusqu'à évaporation de l'eau de végétation, puis déglacer avec le vinaigre de Xérès.

Pendant ce temps, faire sauter vivement à l'huile d'olive les queues des langoustines décortiquées, puis les éponger sur un papier absorbant.

PRÉSENTATION

Poser au centre de l'assiette les girolles et les mousserons. Dresser autour les 8 queues de langoustines. Agrémenter d'une décoration sobre, par exemple quelques dés de tomate ou quelques pluches de cerfeuil.

Cette recette marie le goût de deux terroirs différents, la côte atlantique (ma région natale) et ses fruits de mer, et l'Auvergne avec ses champignons.

FEUILLETÉS DE PETITS-GRIS AUX CHAMPIGNONS, CRÈME DE PERSIL

285 KCAL PAR PERSONNE

MARCHÉ POUR 4 PERSONNES

40 PIÈCES DE PETITS-GRIS, PRÉCUITS (TAILLE MOYENNE)	**2 DL DE FOND DE VEAU (VOIR RECETTE P. 00)**
160 G DE PÂTE FEUILLETÉE	**5 CL DE LAIT ÉCRÉMÉ**
100 G DE CHAMPIGNONS DE PARIS	**1 JAUNE D'ŒUF**
	1 ÉCHALOTE
150 G DE CÈPES	**1 BOTTE DE PERSIL PLAT**
100 G DE FROMAGE BLANC LISSE	**1 BOTTE DE CERFEUIL**
3 DL DE VIN ROUGE DE BOURGOGNE	**1 GOUSSE D'AIL**
	SEL FIN, POIVRE DU MOULIN

PRÉPARATION ET CUISSON

À l'aide d'un rouleau à pâtisserie, abaisser la pâte feuilletée à 4 mm d'épaisseur. La tailler en forme de 8 feuilles d'arbre de 6 cm de large et 9 cm de long. Tracer les nervures au couteau. Passer le jaune d'œuf battu au pinceau sur les 8 feuilles ainsi obtenues et cuire au four à 250° (th. 8), pendant 6 à 7 mn.

Nettoyer rapidement les champignons de Paris et les cèpes. Les essuyer. Couper les pieds. Les émincer grossièrement et les poêler rapidement à sec avec une pincée d'ail et de persil hachés. Les remuer en permanence. Les assaisonner, puis les conserver au chaud.

Ciseler finement le persil, le mixer avec le lait écrémé, le passer à l'étamine.

Incorporer le fromage blanc. Assaisonner généreusement. Conserver au frais.

Ciseler finement l'échalote. Ajouter le vin rouge. Réduire des 3/4. Mouiller avec le fond de veau. Réduire jusqu'à l'obtention d'une consistance nappante.

Rincer les petits-gris. Verser dessus la sauce au vin rouge obtenue. Cuire ainsi à feu doux pendant une dizaine de minutes.

Découper un couvercle dans l'épaisseur des feuilletés. Garnir l'intérieur avec les champignons poêlés bien chauds. Poser dessus les petits-gris égouttés. Recouvrir avec le couvercle.

PRÉSENTATION

Dans chaque assiette, dresser deux feuilletés de petits-gris, tête-bêche. Verser tout autour à la cuillère la crème de persil. Tacheter de quelques gouttes de sauce au vin rouge de Bourgogne. Agrémenter d'un bouquet de cerfeuil.

POISSONS

POISSONS

Si les poissons sont privilégiés dans les menus minceur, c'est grâce à leur richesse en acides gras qui aide à lutter contre le cholestérol. Les poissons de rivière ne sont pas ici oubliés. Ils apportent des saveurs différentes, subtiles et à tort méconnues.

SUPRÊME DE BAR AU NECTAR D'AROMATES

120 KCAL PAR PERSONNE

MARCHÉ POUR 4 PERSONNES

500 G DE FILET DE BAR
10 CL DE JUS DE FENOUIL
10 CL DE JUS DE CÉLERI BRANCHE
5 CL DE JUS DE TOMATE
2 CUILLERÉES À SOUPE DE JUS DE CAROTTE
1 CUILLERÉE À SOUPE DE JUS D'OIGNON
1 BÂTON DE CITRONNELLE
1 CLOU DE GIROFLE
10 GRAINS DE POIVRE DE JAMAÏQUE
1 G DE GRAIN DE CORIANDRE
SEL FIN

MATÉRIEL SPÉCIFIQUE : CUISEUR VAPEUR, CENTRIFUGEUSE

PRÉPARATION ET CUISSON

Couper le filet de bar en 4 portions de 125 g. Les assaisonner.

Diviser en deux le bâton de citronnelle.

Verser dans un cuiseur vapeur 1 litre d'eau, ajouter un demi-bâton de citronnelle et cuire à la vapeur les suprêmes de bar (12 à 15 mn selon épaisseur).

Réunir dans une casserole tous les jus de légumes (obtenus à la centrifugeuse), ajouter les épices puis le demi-bâton de citronnelle restant, et réduire le tout à feu moyen, jusqu'à l'obtention de 10 cl de nectar. Passer au chinois étamine. Rectifier l'assaisonnement et servir avec le bar.

On peut accompagner ce mets d'un ragoût de légumes provençaux (voir recette p. 103).

NAGE DE SAINT-JACQUES AU SAFRAN

135 KCAL PAR PERSONNE

MARCHÉ POUR 4 PERSONNES

16 NOIX DE SAINT-JACQUES
50 G D'OIGNON
50 G DE CAROTTE
50 G DE BLANC DE POIREAU
1 BRANCHE DE CÉLERI
2 DL DE VIN BLANC SEC
2 DL DE FUMET DE POISSON (VOIR RECETTE P. 130)
1 BRINDILLE DE THYM
CORIANDRE
POIVRE EN GRAINS
GROS SEL, SAFRAN

PRÉPARATION ET CUISSON

Éplucher l'oignon, le couper en rondelles. Éplucher la carotte, la canneler puis la couper en rondelles. Émincer aussi le poireau et le céleri finement.

Dans une casserole, porter à ébullition le vin blanc et l'oignon. Ajouter le fumet de poisson. Dès l'ébullition à nouveau atteinte, ajouter les rondelles de carotte et de céleri ainsi que la brindille de thym. Après 8 mn de cuisson, ajouter le blanc de poireau émincé, le gros sel et toutes les épices. Continuer ainsi la cuisson à feu moyen pendant 10 mn.

Couper en deux chaque noix de Saint-Jacques de façon à les désépaissir. Elles seront beaucoup moins caoutchouteuses après cuisson. Les plonger pendant 3 à 4 mn dans l'eau de cuisson à peine frémissante.

PRÉSENTATION

Répartir les noix de Saint-Jacques dans 4 assiettes creuses. Rectifier l'assaisonnement si nécessaire et servir avec la nage et ses légumes.

SUPRÊME DE SANDRE AU VINAIGRE DE CIDRE

145 KCAL PAR PERSONNE

MARCHÉ POUR 4 PERSONNES

600 G DE FILET DE SANDRE
1 BLANC DE POIREAU
1 JAUNE D'ŒUF
60 G DE FROMAGE BLANC
4 CUILLERÉES À SOUPE DE VINAIGRE DE CIDRE
1 ÉCHALOTE
SEL FIN, POIVRE DU MOULIN

PRÉPARATION ET CUISSON

Émincer et laver le blanc de poireau. Le disposer au fond d'un plat de cuisson.

Trancher le filet de sandre en 4 suprêmes. Les ranger sur le blanc de poireau. Les assaisonner et les cuire au four, recouverts d'un papier aluminium, pendant 15 mn à 120° (th. 4).

Pendant ce temps, ciseler finement l'échalote. La disposer dans une casserole avec le vinaigre de cidre, et réduire presque à sec, à feu moyen.

Monter au bain-marie, en fouettant régulièrement, le jaune d'œuf avec une cuillerée à café d'eau. Quand il présente la consistance d'une crème, ajouter le fromage blanc. Bien mélanger, puis ajouter la réduction échalote-vinaigre de cidre. Tenir au chaud sans porter à ébullition.

PRÉSENTATION

Poser au centre de chaque assiette une portion de sandre sur un peu de poireau. Entourer avec la sauce.

DOS DE DORADE GRILLÉ SUR LA PEAU, FONDUE DE TOMATE AU BASILIC

159 KCAL PAR PERSONNE

MARCHÉ POUR 4 PERSONNES

600 G DE FILET DE DORADE (2 FILETS) AVEC LA PEAU
300 G DE TOMATES
40 G D'ÉCHALOTE
1 GOUSSE D'AIL
1 CUILLERÉE À SOUPE D'HUILE D'OLIVE
1 BOTTE DE BASILIC
SEL FIN
POIVRE DU MOULIN

PRÉPARATION ET CUISSON

Peler les tomates (après les avoir plongées 10 s dans l'eau bouillante), les couper en deux, les épépiner, puis les concasser. Éplucher la gousse d'ail, la couper en deux et éliminer le germe, puis la hacher. Éplucher et ciseler l'échalote.

Dans une casserole, verser l'huile d'olive. Quand elle est bien chaude, ajouter l'échalote ciselée. Faire suer sans coloration, en remuant constamment avec une spatule pendant 1 mn. Ajouter les tomates concassées, puis la gousse d'ail. Assaisonner et cuire à feu doux pendant une dizaine de minutes en remuant de temps en temps avec une spatule, pour éviter que cette fondue de tomate ne colle au récipient.

Ciseler finement le basilic et l'ajouter en fin de cuisson dans la fondue de tomate, puis arrêter la cuisson.

Éliminer les petites arêtes qui peuvent subsister sur la partie centrale des filets de dorade, à l'aide d'une pince à épiler. Couper 4 portions de 125 g dans les filets, en conservant la peau.

Poser les filets de dorade assaisonnés, côté peau, sur le grilloir très chaud après les avoir séchés dans un torchon (pour éviter qu'ils ne collent au grilloir) et les quadriller pendant 40 s environ (juste pour les marquer), puis terminer la cuisson dans un plat, au four à 180° (th. 6) pendant 8 à 10 mn selon l'épaisseur des filets.

PRÉSENTATION

Voiler le fond des assiettes avec la fondue de tomate au basilic. Poser dessus les filets grillés.

PAVÉ DE LOUP À LA VAPEUR DE CITRONNELLE, CUIT EN PANIER DE BAMBOU

156 KCAL PAR PERSONNE

MARCHÉ POUR 4 PERSONNES

600 G DE FILETS DE LOUP DE MÉDITERRANÉE
4 BÂTONS DE CITRONNELLE
80 G DE CAROTTE
100 G DE POIREAU
80 G DE CÉLERI BRANCHE
60 G DE NAVET PARISIEN (NAVET LONG)
2 CITRONS VERTS
SEL FIN,
POIVRE DU MOULIN
PLUCHES DE CERFEUIL ET D'ANETH

MATÉRIEL SPÉCIFIQUE : PANIERS DE BAMBOU OU CUIT-VAPEUR

PRÉPARATION ET CUISSON

Éplucher la carotte et le navet, les laver avec le céleri et le poireau. Couper les filets de loup en 4 portions de 150 g. Laisser la peau.

Tailler les légumes en tronçons de 6 cm de longueur, puis les découper en fine julienne (c'est-à-dire en filaments très fins). Mélanger les 4 légumes, les assaisonner et les disposer dans les paniers de bambou.

Dans chacun des paniers, poser sur les légumes un bâton de citronnelle coupé en 3 morceaux, puis ajouter les portions de loup assaisonnées.

Recouvrir avec le couvercle en bambou et cuire au-dessus d'une marmite d'eau frémissante, de préférence de la grandeur du panier, afin de réaliser une cuisson à la vapeur style «couscoussier». La cuisson peut prendre jusqu'à 15 mn si les portions sont épaisses.

PRÉSENTATION

Historier (c'est-à-dire couper en dents de loup) 2 citrons verts et les disposer à côté du poisson après cuisson. Servir dans les paniers après avoir agrémenté de pluches de cerfeuil et d'aneth.

PHOTO PAGE CI-CONTRE

PAPILLOTE DE ROUGET AU FENOUIL

170 Kcal par personne

Marché pour 4 personnes

600 g de filets de rouget (soit 8 filets)	1 gousse d'ail
1 bulbe de fenouil	2 tomates
1 échalote	1 brindille de thym
	gros sel, poivre du moulin

Préparation et cuisson

Éplucher l'échalote et l'émincer finement.

Peler les tomates (après les avoir plongées 10 s dans l'eau bouillante), puis les trancher en rondelles.

Couper en deux le bulbe de fenouil, le laver, éliminer le cône central qui est dur, puis tailler finement.

Faire suer l'échalote dans une casserole sans matière grasse pendant 2 mn, en remuant sans cesse. Ajouter le fenouil, les tomates, puis l'ail épluché et écrasé (dont on a ôté le germe) et enfin la brindille de thym. Assaisonner et cuire 8 mn.

Partager en quatre cette garniture et disposer chaque part dans une feuille de papier aluminium. Poser dessus 2 petits filets de rouget. Les surmonter d'une pincée de gros sel, et d'un tour de moulin à poivre.

Fermer la papillote hermétiquement, sans la serrer autour du poisson, c'est-à-dire qu'il faut qu'elle soit assez ample pour pouvoir se gonfler de vapeur pendant la cuisson. Cuire au four, à 210° (th. 7) pendant 9 mn.

TURBOT RÔTI AU POIVRE DE JAMAÏQUE

176 Kcal par personne

Marché pour 4 personnes

600 g de filets de turbot	quelques gouttes de jus de citron
4 jeunes poireaux	1 cuillerée à soupe d'huile d'olive
100 g de courgette	4 pincées de poivre de Jamaïque concassé
100 g de pois gourmands	sel fin
12 asperges vertes	
12 carottes «fanes»	
10 cl de bouillon de volaille	

Préparation et cuisson

Tailler les filets de turbot en 4 portions. Saupoudrer l'une des faces des filets de poivre concassé. Réserver au frais.

Éplucher tous les légumes, les laver. Couper les courgettes en bâtonnets. Équeuter les pois gourmands. Faire cuire séparément tous les légumes dans de l'eau bouillante salée. Compter 10 mn pour les asperges et les poireaux, 8 mn pour les carottes et les pois gourmands et 3 mn pour les courgettes. Après chaque cuisson, rafraîchir les légumes dans de l'eau glacée. Réserver un peu d'eau de cuisson de chaque légume.

Dans une poêle antiadhésive, faire chauffer l'huile. Faire colorer les morceaux de turbot après les avoir assaisonnés de sel. Poursuivre la cuisson 5 à 7 mn dans le four préchauffé à 210° (th. 7).

Dans la poêle débarrassée de l'huile, verser le bouillon de volaille. Faire réduire des deux tiers. Ajouter quelques gouttes de citron.

FINITION ET PRÉSENTATION

Réchauffer les légumes dans un peu de leur jus de cuisson réservé, et mélanger. Les répartir dans les assiettes autour des filets de turbot dressés côté poivre de Jamaïque.

Entourer d'un cordon de sauce.

SUPRÊME DE SANDRE BRAISÉ, SAUCE POURPRE

185 KCAL PAR PERSONNE

MARCHÉ POUR 4 PERSONNES

600 G DE FILETS DE SANDRE (AVEC LA PEAU)
150 G DE BLANC DE POIREAU
2 JAUNES D'ŒUFS
60 G DE FROMAGE BLANC
50 G D'ÉCHALOTE
3 DL DE VIN ROUGE (CÔTES-DU-RHÔNE DE PRÉFÉRENCE)
5 CL DE FUMET DE POISSON (VOIR RECETTE P. 130)
SEL FIN, POIVRE DU MOULIN
CANNELLE

PRÉPARATION ET CUISSON

Ciseler finement les échalotes et les faire réduire à feu moyen des deux tiers avec le vin rouge et une petite pincée de cannelle.

Pendant ce temps, émincer finement le blanc de poireau, le laver et le disposer au fond d'un plat allant au four. Couper en 4 portions les filets de sandre, sans ôter la peau. Les assaisonner côté chair, et les poser sur le blanc de poireau (peau dessus). Cuire à feu moyen (180°, th. 6) pendant 15 mn. Quand la réduction de vin rouge est obtenue, ajouter le fumet de poisson et réduire à nouveau d'un tiers, de façon à récupérer 1 dl de cuisson après réduction.

Émulsionner au bain-marie les jaunes d'œufs avec 1 cuillerée à soupe de liquide réduit. Quand ce sabayon fait le ruban, c'est-à-dire qu'il est bien moelleux, ajouter le fromage blanc, puis le reste de la réduction. Assaisonner.

PRÉSENTATION

Poser au centre des assiettes les suprêmes de sandre sur un peu de poireau qui a servi à la cuisson. Entourer de sauce pourpre.

Laisser la peau du poisson qui donne une belle couleur argentée à ce plat.

PIGEXTRA
INOX

BLANQUETTE DE SAINT-PIERRE À L'ANIS ÉTOILÉ

195 KCAL PAR PERSONNE

MARCHÉ POUR 4 PERSONNES

600 G DE FILETS DE SAINT-PIERRE
130 G DE TOMATE
50 G DE FROMAGE BLANC
50 G D'ÉCHALOTE
1 DL DE VIN BLANC SEC
1 DL DE FUMET DE POISSON (VOIR RECETTE P. **130**)
1 CUILLERÉE À SOUPE D'HUILE D'OLIVE
10 G D'ANIS ÉTOILÉ (APPELÉ AUSSI BADIANE)
QUELQUES PLUCHES DE CERFEUIL
SEL FIN
POIVRE DU MOULIN

PRÉPARATION ET CUISSON

Ciseler finement l'échalote. Ajouter le vin blanc. Porter à ébullition. Ajouter l'anis étoilé et le fumet de poisson. Cuire ainsi à feu doux pendant au moins 30 mn. On doit récupérer 1 dl de jus de cuisson une fois passé au chinois ou à l'étamine.

Peler la tomate (après l'avoir plongée 10 s dans l'eau bouillante), enlever l'intérieur à l'aide d'une cuillère, après l'avoir coupée en deux. Enfin, détailler 6 petits triangles dans la chair obtenue.

Découper les filets de saint-pierre en 12 morceaux de 50 g. Les assaisonner. Verser l'huile d'olive dans une poêle. Quand elle est bien chaude, saisir rapidement les morceaux sur chaque face de façon à leur donner une légère coloration. Les retirer et les éponger sur un torchon (pour enlever la matière grasse). Verser dans la poêle de cuisson le jus à l'anis étoilé. Remettre les morceaux de poisson dans le jus et continuer ainsi la cuisson pendant 6 à 8 mn selon l'épaisseur.

PRÉSENTATION

Retirer les morceaux de saint-pierre et les disposer trois par trois dans des assiettes creuses. Hors du feu, fouetter vivement le fromage blanc dans le jus de cuisson. Rectifier l'assaisonnement puis en arroser généreusement les morceaux de poisson. Poser au centre de chaque assiette une coque d'anis étoilé, 3 quartiers de tomate et une pluche de cerfeuil.

FILET DE ROUGET GRILLÉ AUX AROMATES

215 KCAL PAR PERSONNE

MARCHÉ POUR 4 PERSONNES

2 ROUGETS DE **350** G
100 G DE CREVETTES ROSES DÉCORTIQUÉES
50 G DE POIVRON ROUGE
1 NAVET PARISIEN (NAVET LONG)
50 G DE BLANC DE POIREAU
50 G DE CHAMPIGNONS DE PARIS
2 JAUNES D'ŒUFS
80 G DE FROMAGE BLANC LISSE
1 DL DE FUMET DE POISSON (VOIR RECETTE P. **130**)
1 DL DE VIN BLANC SEC
1 ÉCHALOTE
QUELQUES PLUCHES DE CERFEUIL
SEL FIN, POIVRE DU MOULIN

PRÉPARATION ET CUISSON

Lever en filets les rougets. Concasser grossièrement les arêtes. Les laver à l'eau courante.

Éplucher le navet, le couper en tronçons de 3 cm de hauteur (8 tronçons au total), les évider à l'aide d'une petite cuillère, puis les cuire à la vapeur (10 mn environ).

Tailler en julienne (c'est-à-dire en filaments très minces) le blanc de poireau, le poivron rouge et les champignons. Les cuire à la vapeur séparément. Les mélanger délicatement avec les crevettes et les assaisonner.

Pour la sauce : Éplucher et ciseler l'échalote. Dans une casserole, rassembler les arêtes de rougets concassées, l'échalote et le vin blanc. Porter à ébullition et réduire de moitié, à feu moyen. Passer au chinois. Ajouter le fumet de poisson et réduire de nouveau de moitié. Monter un sabayon en fouettant au bain-marie les jaunes d'œufs avec une cuillerée et demie à soupe de cuisson réduite. Quand l'onctuosité est obtenue, ajouter le fromage blanc, puis le reste du jus de cuisson (soit 5 cl). Vérifier l'assaisonnement.

Griller les filets de rouget assaisonnés, côté peau, sous un gril très chaud. Terminer la cuisson à four moyen (150°) pour qu'ils conservent leur moelleux. Compter au total une petite dizaine de minutes de cuisson.

Garnir les navets avec le mélange de légumes et crevettes.

Disposer un filet de rouget au bas de chaque assiette. Au-dessus, dresser 2 morceaux de navets. Entourer le filet de rouget d'un cordon de sauce. Poser sur chaque navet une pluche de cerfeuil.

SUPRÊME DE SANDRE À LA CRÈME DE BACON

215 KCAL PAR PERSONNE

MARCHÉ POUR 4 PERSONNES

1 FILET DE SANDRE DE 600 G
50 G DE BACON
20 G D'ÉCHALOTE
3 CUILLERÉES À SOUPE DE VINAIGRE DE VIN
30 G DE FROMAGE BLANC LISSE
1 JAUNE D'ŒUF
SEL FIN
POIVRE DU MOULIN
THYM

PRÉPARATION ET CUISSON

Couper 4 portions de 150 g dans le filet de sandre.

Les disposer sur une grille après les avoir assaisonnées et les cuire à la vapeur en posant la grille sur une cocotte large contenant eau et thym, et en recouvrant le poisson avec une cloche.

La cuisson douce, ainsi menée, va permettre aux suprêmes de sandre de conserver tout leur moelleux et toute leur saveur. Compter environ 10 à 12 mn de cuisson, selon l'épaisseur du poisson.

Pour la sauce : Couper le bacon en menus morceaux. Le saisir rapidement dans une petite casserole, pour lui apporter une légère coloration. Ajouter l'échalote ciselée, la faire suer à nouveau pendant 1 mn. Verser sur ce mélange le vinaigre de vin, puis 10 cl d'eau. Cuire 5 mn et mixer finement. Passer au chinois, en pressant fortement de façon à bien récupérer tous les sucs de ce jus de cuisson.

Verser ce jus sur le jaune d'œuf et émulsionner ce mélange au bain-marie, jusqu'à l'obtention d'une sauce onctueuse. Ajouter alors le fromage blanc. Attention : cette sauce ne doit jamais dépasser 65° car elle est constituée de jaune d'œuf !

PRÉSENTATION

Rectifier l'assaisonnement et servir le poisson entouré de sauce.

FILET D'EMPEREUR EN COCON TRUFFÉ

217 KCAL PAR PERSONNE

MARCHÉ POUR 4 PERSONNES

600 G DE FILETS D'EMPEREUR
4 BELLES FEUILLES D'ÉPINARD
16 G DE TRUFFE
(+ 4 G POUR LA DÉCORATION)
80 G DE CHAMPIGNONS DE PARIS
80 G DE BLANC DE POIREAU
2 JAUNES D'ŒUFS
60 G DE FROMAGE BLANC
5 CL DE FUMET DE POISSON (VOIR RECETTE P. 130)
SEL FIN, POIVRE DU MOULIN

PRÉPARATION ET CUISSON

Ébouillanter les feuilles d'épinard après les avoir équeutées, puis les tremper dans l'eau glacée pour qu'elles conservent leur couleur.

Couper la truffe en lamelles très fines. Réduire des deux tiers le fumet de poisson.

Tailler en 4 suprêmes les filets d'empereur. Les assaisonner, puis disposer dessus en parts égales, les lamelles de truffe. Envelopper chaque suprême truffé d'une feuille d'épinard. Réserver au frais.

Nettoyer les champignons, ôter les pieds puis les tailler en julienne (c'est-à-dire en filaments très minces). Procéder de même avec le poireau, puis les disposer au fond d'un plat de cuisson. Poser dessus les 4 suprêmes d'empereur. Cuire au four pendant 10 à 12 mn (selon l'épaisseur des suprêmes) à 150° (th. 5).

Pendant ce temps, émulsionner au bain-marie les jaunes d'œufs avec le fumet réduit. Quand une bonne onctuosité est obtenue, ajouter le fromage blanc, ainsi que le jus récupéré dans le fond du plat de cuisson des poissons. Rectifier l'assaisonnement. Passer au chinois étamine.

PRÉSENTATION

Disposer au centre des assiettes les filets d'empereur. Entourer avec la sauce. Ajouter une lamelle de truffe sur chaque portion ou quelques dés de tomate ou des œufs de saumon.

CRÉPINE DE ROUGET AUX FINES HERBES ET CHAMPIGNONS

262 KCAL PAR PERSONNE

MARCHÉ POUR 4 PERSONNES

8 FILETS DE ROUGET DE 70 G
120 G DE CRÉPINE DE PORC
300 G DE CHAMPIGNONS DE PARIS
1 CUILLERÉE À SOUPE DE CERFEUIL CISELÉ
1 CUILLERÉE À SOUPE DE PERSIL PLAT HACHÉ
1 CUILLERÉE À SOUPE DE CIBOULETTE CISELÉE
1 CUILLERÉE À SOUPE D'ESTRAGON HACHÉ
1 CUILLERÉE À SOUPE D'HUILE D'OLIVE
1 DL DE FOND DE VOLAILLE (VOIR RECETTE P. 130)
SEL FIN
POIVRE DU MOULIN

ROUGET COUP DE CŒUR (RECETTE PAGE SUIVANTE)

PRÉPARATION ET CUISSON

Retirer à l'aide d'une pince les arêtes des filets de rouget.

Dégorger à l'eau courante la crépine.

Mélanger les différentes herbes. Parer les champignons (c'est-à-dire les nettoyer et couper les pieds terreux).

Assaisonner les filets de rouget et les recouvrir du côté chair, avec le mélange d'herbes. Entourer chaque filet d'une pellicule de crépine. Émincer les champignons, les recouvrir d'un papier film.

Faire réduire de moitié le fond de volaille.

Dans une poêle, verser l'huile d'olive. Quand elle est bien chaude, faire saisir sur chaque face les filets de rouget, de façon à leur donner une légère coloration. Les retirer et terminer la cuisson à four moyen (th. 5), pendant 3 à 4 mn selon l'épaisseur.

Pendant ce temps, faire sauter rapidement les champignons dans la poêle de cuisson des rougets. Assaisonner, puis égoutter dans une passoire, de façon à supprimer la matière grasse. Remettre la poêle sur le feu et redonner un bouillon au fond de volaille.

PRÉSENTATION

Au centre des assiettes, disposer les champignons. Dessus, poser tête-bêche 1 filet de rouget présenté côté herbes, et un autre côté peau. Entourer d'un cordon de jus de volaille.

FILET DE TRUITE DE MER À LA MALTAISE

272 KCAL PAR PERSONNE

MARCHÉ POUR 4 PERSONNES

600 G DE FILETS DE TRUITE DE MER
100 G DE BLANC DE POIREAU
1 ORANGE SANGUINE
1 JAUNE D'ŒUF
60 G DE FROMAGE BLANC
1 DL DE FUMET DE POISSON (VOIR RECETTE P. 130)
SEL FIN
POIVRE DU MOULIN

PRÉPARATION ET CUISSON

Tailler en julienne (c'est-à-dire en filaments très fins) le blanc de poireau. Le laver et le disposer au fond d'un plat de cuisson.

Couper en 4 portions égales les filets de truite de mer sans enlever la peau. Les assaisonner et les poser sur la julienne de poireau. Cuire ainsi à four moyen (th. 5) pendant 12 à 15 mn selon l'épaisseur.

À l'aide d'un couteau économe, éplucher l'orange sans laisser de partie blanche sur la peau. Blanchir les zestes obtenus (en les mettant à ébullition quelques secondes). Les déposer dans le fumet de poisson et le faire réduire des trois quarts. Passer au chinois. Presser l'orange et faire réduire des trois quarts le jus obtenu.

Prendre une cuillerée de fumet réduit, l'ajouter au jaune d'œuf. Émulsionner ce mélange au bain-marie. Ajouter ensuite le fromage blanc, le reste du fumet réduit et le jus d'orange réduit. Assaisonner généreusement.

PRÉSENTATION

Disposer sur chaque assiette un peu de julienne de poireau. Poser dessus une portion de filet de truite de mer. Entourer d'un cordon de sauce. Enlever la peau du poisson juste avant de servir. Il reste ainsi plus moelleux.

ROUGET COUP DE CŒUR

277 KCAL PAR PERSONNE

MARCHÉ POUR 4 PERSONNES

4 ROUGETS DE **250** G	**1/2** GOUSSE D'AIL
40 G DE CAROTTE	**4** MINI-FENOUILS
20 G D'OIGNON	**1** DL DE VIN BLANC SEC
300 G DE TOMATES	**30** G DE FROMAGE BLANC
20 G DE FENOUIL	**1** ÉCHALOTE
20 G DE CÉLERI BRANCHE	**1** CL D'HUILE D'OLIVE
3 FEUILLES DE BASILIC	SEL FIN
20 G DE COURGETTE	POIVRE DU MOULIN

PRÉPARATION ET CUISSON

Couper la tête des rougets et détacher à l'aide d'un couteau les deux filets de l'arête centrale en les laissant reliés par la queue. Sectionner à ce niveau l'arête et l'éliminer. À l'aide d'une pince à épiler, ôter les petites arêtes qui subsistent encore sur les filets.

Peler l'oignon, éplucher la carotte et la tailler en petits dés de 2 mm de côté, ainsi que le céleri branche, le fenouil et la courgette.

PHOTO PAGE PRÉCÉDENTE

Peler les tomates (après les avoir trempées 10 s dans l'eau bouillante), les couper en deux et les épépiner, puis les couper en dés. Ciseler finement l'échalote, hacher l'ail. Dans une petite casserole, faire suer rapidement et sans coloration l'échalote, ajouter les dés de tomate et l'ail haché. Assaisonner et cuire à petit feu, en remuant fréquemment, pour éviter qu'elle ne colle, cette concassée de tomate, pendant une dizaine de minutes.

Parer les deux extrémités des mini-fenouils et les cuire à l'eau bouillante salée pendant 10 à 12 mn, selon grosseur.

Dans une autre casserole, verser l'huile d'olive puis faire cuire les légumes en petits dés, en commençant par l'oignon. Une minute plus tard, ajouter les dés de carotte, sans cesser de remuer avec une spatule en bois. Au bout d'une autre minute, ajouter les dés de fenouil, puis ceux de céleri et mouiller avec le vin blanc. Porter 3 mn à ébullition, ajouter 5 cl d'eau. Assaisonner de sel fin et de 2 à 3 tours de moulin de poivre. Porter à nouveau à ébullition, puis ajouter les dés de courgette. Une minute plus tard, arrêter la cuisson.

Ciseler finement le basilic. En incorporer deux feuilles dans les petits légumes et une feuille dans le concassé de tomate.

Égoutter les petits légumes et en récupérer le jus de cuisson. Renouveler l'opération avec le concassé de tomate. Mélanger les deux jus d'égouttage et les réserver.

Donner aux filets de rouget une forme de cœur, en repliant sur eux-mêmes les deux filets vers l'intérieur et les garnir avec les petits légumes. Les cuire avec 5 cl d'eau dans un plat couvert d'un papier aluminium, au four à 180° pendant 8 à 10 mn. Les laisser reposer 2 mn avant de les servir. Ajouter le jus de cuisson des rougets au jus d'égouttage du concassé et des petits légumes. Le porter à ébullition et le réduire à 5 cl. Ajouter alors, hors du feu, 30 g de fromage blanc battu. Rehausser l'assaisonnement.

PRÉSENTATION

Disposer sur chaque rouget deux quenelles de concassé de tomate moulées avec des cuillères à café. Appuyer verticalement sur chaque rouget un mini-fenouil. Entourer d'un cordon de sauce.

MÉDAILLONS DE SOLE ET SAINT-JACQUES À LA VANILLE

286 KCAL PAR PERSONNE

MARCHÉ POUR 4 PERSONNES

12 NOIX DE SAINT-JACQUES
12 FILETS DE SOLE DE 60 G PIÈCE
100 G DE TOMATE
60 G DE FROMAGE BLANC LISSE
1 ÉCHALOTE
1 DL DE VIN BLANC SEC
1 CUILLERÉE À SOUPE DE NOILLY PRAT
2 DL DE FUMET DE POISSON (VOIR RECETTE P. 130)
1 GOUSSE DE VANILLE, SEL FIN
PLUCHES D'ANETH
POIVRE DU MOULIN

PHOTO PAGE CI-CONTRE

PRÉPARATION ET CUISSON

Peler la tomate (après l'avoir plongée 10 s dans de l'eau bouillante), la couper en deux, l'épépiner, puis la détailler en petits dés. Fendre en deux, dans le sens de la longueur, la gousse de vanille et racler l'intérieur avec la pointe d'un couteau pour en récupérer les graines. Mélanger celles-ci aux dés de tomate. Recouvrir d'un papier film, et réserver au frais.

Dans une casserole, verser le vin blanc, ajouter l'échalote finement ciselée et porter à ébullition. Verser alors le Noilly Prat et le fumet de poisson, ainsi que la gousse de vanille coupée en morceaux, et réduire de moitié.

Étaler les filets de sole, les assaisonner, puis entourer chaque noix de Saint-Jacques avec un filet de sole, côté peau à l'intérieur. Ranger les 12 médaillons obtenus dans un plat de cuisson creux. Verser le jus vanillé confectionné auparavant. Couvrir d'un papier sulfurisé et cuire au four à 150° (th. 5) pendant 10 à 12 mn.

Au terme de la cuisson, passer le jus de cuisson à l'étamine. Le porter à ébullition. Hors du feu, ajouter le fromage blanc. Fouetter vivement pour bien mélanger. Rectifier l'assaisonnement.

PRÉSENTATION

Disposer les médaillons de sole et Saint-Jacques dans les assiettes. Verser autour la sauce à la vanille. Poser sur chaque médaillon quelques dés de tomate et pluches d'aneth.

BLANC DE BARBUE AUX COQUILLAGES

295 KCAL PAR PERSONNE

MARCHÉ POUR 4 PERSONNES

600 G DE FILETS DE BARBUE
250 G DE COQUES
300 G DE MOULES DE BOUCHOT (PETITES)
250 G DE CHAMPIGNONS DE PARIS
1 DL DE SAUCE AMÉRICAINE (VOIR RECETTE P. **128**)
2 DL DE VIN BLANC SEC
1 ÉCHALOTE
1 OIGNON
PERSIL
SEL FIN
POIVRE DU MOULIN
SAFRAN

PRÉPARATION ET CUISSON

Ciseler finement l'échalote. Couper le pied des champignons de Paris. Les nettoyer, les essuyer avec un torchon et les hacher. Rassembler ces ingrédients, les assaisonner et les cuire, recouverts d'un papier sulfurisé, pendant une dizaine de minutes à feu moyen. On obtient une duxelles qui va servir de farce.

Gratter les moules, les laver dans plusieurs eaux avec les coques. Hacher l'oignon, ajouter les 2 dl de vin blanc, le persil et porter le tout à ébullition. Déposer dans cette cuisson les coquillages, couvrir la casserole et les faire ouvrir à feu très vif (5 mn environ). Les décortiquer et les conserver dans leur jus passé à l'étamine.

Tailler les filets de barbue en 4 portions. Dédoubler ces filets dans le sens de l'épaisseur, de façon à pouvoir les ouvrir comme un livre. Les assaisonner et les farcir avec la duxelles de champignons. Refermer et cuire les portions à la vapeur pendant une dizaine de minutes.

Pour la sauce : Porter à ébullition la sauce américaine. Ajouter 1 dl de l'eau de cuisson des coquillages et une pincée de safran. Réduire d'un tiers.

PRÉSENTATION

Voiler le fond de l'assiette avec la sauce. Poser au centre les filets de barbue farcis. Entourer avec les coquillages mélangés.

SUPRÊME DE SAUMON GRILLÉ EN MEDLEY DE LÉGUMES ÉPICÉS

319 KCAL PAR PERSONNE

MARCHÉ POUR 4 PERSONNES

600 G DE FILETS DE SAUMON
1 DL DE VIN BLANC
30 G D'OIGNON
10 G DE POIVRON ROUGE
50 G DE COURGETTE
50 G DE FENOUIL
50 G DE CAROTTE
50 G DE TOMATE
20 G DE GINGEMBRE
1/2 CITRON
10 G DE CÂPRES
1 DL DE FUMET DE POISSON (VOIR RECETTE P. **130**)
2 CL D'HUILE D'OLIVE
1 BOUQUET GARNI (THYM, LAURIER)
SEL FIN
POIVRE DU MOULIN
CURRY

PRÉPARATION ET CUISSON

Éplucher la carotte, l'oignon, le gingembre. Couper les extrémités de la courgette et du fenouil. Laver tous ces légumes. Peler la tomate (après l'avoir plongée 10 s dans l'eau bouillante) et l'épépiner. Couper tous les ingrédients en petits dés de 0,5 cm de côté, sauf le gingembre qui sera coupé en julienne (c'est-à-dire en filaments très minces).

Faire suer à l'huile d'olive, sans coloration, l'oignon, la carotte, le fenouil, puis le poivron. Mouiller avec le vin blanc. Porter à ébullition. Ajouter le fumet, le bouquet garni et une pincée de curry. Assaisonner. Après 5 mn d'ébullition, incorporer la courgette et le gingembre. Cuire encore 3 mn. Ajouter la tomate, les câpres et le citron pelé à vif et coupé lui aussi en dés. Arrêter la cuisson.

Griller le saumon, coupé en 4 suprêmes, à sec, sur un gril très chaud. Terminer la cuisson au four pour qu'il reste moelleux.

PRÉSENTATION

Disposer au centre des assiettes le saumon grillé. Agrémenter le pourtour avec le medley de légumes et son jus de cuisson bien chaud.

ÉVENTAIL DE SOLE AUX LANGOUSTINES ET CHAMPIGNONS DES BOIS

360 KCAL PAR PERSONNE

MARCHÉ POUR 4 PERSONNES

12 FILETS DE SOLE DE 50 G
250 G DE FILETS DE SAUMON
100 G DE MOUSSERONS
6 PETITES LANGOUSTINES
3 TRANCHES DE SAUMON FUMÉ
200 G DE PLEUROTES
100 G DE GIROLLES
1 DL DE FUMET DE POISSON
(VOIR RECETTE P. 130)
1 ŒUF
80 G DE FROMAGE BLANC
180 G DE FROMAGE BLANC
À 0 %
1 CUILLERÉE À SOUPE
D'HUILE D'OLIVE
QUELQUES GOUTTES
DE JUS DE CITRON
SEL FIN, POIVRE DU MOULIN

PRÉPARATION ET CUISSON

Décortiquer les langoustines cuites à l'eau bouillante salée pendant 5 à 6 mn selon grosseur, les envelopper chacune dans une demi-tranche de saumon fumé.

Hacher très finement au robot les filets de saumon, avec une bonne pincée de sel et un tour de moulin de poivre. Casser un œuf, réserver le jaune et ajouter le blanc. Mixer à nouveau, puis mélanger avec le fromage blanc à 0% sans trop travailler la mousse. Passer au tamis.

Disposer sur une feuille de papier sulfurisé, ou à défaut de papier film, les filets de sole côte à côte. Les recouvrir avec la mousse de saumon, puis avec les langoustines entourées de saumon fumé. Replier ainsi sur eux-mêmes les filets, les arrondir et les entourer avec du papier sulfurisé.

PHOTO PAGE SUIVANTE

Les disposer sur un plat allant au four et les cuire à feu doux (150°, th. 5) pendant 15 mn.

Pendant ce temps, nettoyer et couper en morceaux, les girolles, les mousserons, les pleurotes nettoyés. Les faire sauter vivement à la poêle avec l'huile d'olive. Les assaisonner.

Réduire le fumet. Monter un sabayon (fouetter au bain-marie) avec le jaune d'œuf et 1 cuillerée à soupe de fumet. Quand il est bien onctueux, ajouter le fromage blanc, puis le fumet réduit. Vérifier l'assaisonnement. Ajouter quelques gouttes de jus de citron.

Après cuisson, retirer délicatement le papier entourant les filets de sole.
Les couper avec précaution en 24 tranches.

PRÉSENTATION

Poser au centre de l'assiette les champignons poêlés. Dresser autour les filets de sole, en éventail. Entourer avec la sauce.

Éventail de sole aux langoustines et champignons des bois

FILET DE SOLE «BUTTERFLY»

385 KCAL PAR PERSONNE

MARCHÉ POUR 4 PERSONNES

12 FILETS DE SOLE DE 60 G CHACUN
4 LANGOUSTINES MOYENNES
300 G DE FILET DE SAUMON FRAIS
2 TRANCHES DE SAUMON FUMÉ
2 COURGETTES NAINES
300 G DE CAROTTES
1 ÉCHALOTE
50 G DE FROMAGE BLANC À 20%
200 G DE FROMAGE BLANC À 0 %
5 CL DE VINAIGRE DE CIDRE
1 ŒUF ENTIER ET 1 JAUNE D'ŒUF
SEL FIN, POIVRE DU MOULIN
CIBOULETTE

PRÉPARATION ET CUISSON

Étaler les filets de sole côte à côte, sur un papier sulfurisé, côté peau dessus, et les assaisonner.

Cuire les langoustines à l'eau bouillante salée (5 ou 6 mn selon grosseur), les décortiquer et envelopper la chair avec une bande de saumon fumé.

Pour la farce fine : Hacher au robot la chair du saumon frais avec 2 pincées de sel fin et 2 tours de poivre du moulin. Casser un œuf, réserver le jaune et ajouter le blanc. Mixer à nouveau. Ajouter ensuite le fromage blanc à 0 %.
Mixer 10 s environ. Si possible, passer au tamis.

Sur la moitié des filets de sole (6), déposer 5 mm de farce fine, puis un peu de chair de langoustine enveloppée de saumon fumé. Refermer sur eux-mêmes les filets de sole à l'aide du papier sulfurisé. Bien les rouler. Fermer les extrémités par des nœuds de ficelle à rôtir. Mettre en cuisson pendant 15 mn au moins dans un panier à vapeur de style couscoussier, recouvert d'un couvercle. Renouveler cette opération avec les autres filets de sole, mais sans les langoustines.

Éplucher et cuire à la vapeur les carottes, les écraser en purée. Couper en deux les courgettes. Les creuser à l'aide d'une petite cuillère, les cuire à la vapeur, les retourner et les égoutter. Garnir, à l'aide d'une poche, l'intérieur des courgettes avec la purée de carottes assaisonnée.

Après cuisson, laisser refroidir les filets de sole farcis (il sera plus facile de les couper). Enlever le papier délicatement. Découper 8 rondelles de 1 cm d'épaisseur dans les filets de chaque sorte.

Pour la sauce : Ciseler finement l'échalote. Ajouter le vinaigre de cidre. Réduire des deux tiers à feu moyen. Déposer 2 jaunes d'œufs dans la réduction obtenue. Émulsionner rapidement à l'aide d'un fouet à feu très doux, ou au bain-marie. Ajouter le fromage blanc. Assaisonner.

Réchauffer tous les ingrédients au four à micro-ondes, sans trop de violence pour ne pas faire éclater les tranches de filets de sole.

PRÉSENTATION

Voiler le fond de chaque assiette avec la sauce. Disposer la courgette farcie au centre, puis de chaque côté, 2 filets de sole en alternance de façon à reconstituer la forme d'un papillon. Confectionner les antennes avec 2 brins de ciboulette.

PICATTA DE THON AU BASILIC

386 Kcal par personne

Marché pour 4 personnes

- **560** g de filet de thon frais
- **120** g de tomate
- **50** g de poivron rouge
- **50** g d'oignon
- **1** botte de basilic
- **2** cuillerées à café d'huile d'olive
- **1** brindille de thym
- sel fin, poivre du moulin

Pour la vinaigrette au poivron :

- **2** cuillerées à soupe d'huile d'olive vierge
- **1** cuillerée à soupe de vinaigre balsamique
- **30** g de poivron rouge
- sel fin
- poivre du moulin

PRÉPARATION ET CUISSON

Si le filet de thon a été prélevé vers la tête du poisson, le couper en 3 tranches de 1 cm d'épaisseur, qui seront elles-mêmes coupées en 4 portions. Si le filet de thon a été prélevé vers la queue du poisson, le couper en deux dans le sens de la longueur puis tailler chaque morceau obtenu en 6 tranches de 1 cm d'épaisseur. Dans les deux cas, le but est d'obtenir 12 petites tranches de thon. Les assaisonner et les conserver au frais. Éplucher puis émincer l'oignon et le poivron (pour éplucher un poivron, il est nécessaire de le passer sur une flamme ou au four bien chaud pour le faire cloquer afin de faciliter cette opération). Peler la tomate (après l'avoir plongée 10 s dans l'eau bouillante), la couper en deux, l'épépiner, puis la couper en morceaux. Dans une petite casserole, chauffer une cuillerée à café d'huile d'olive. Ajouter l'oignon et le poivron puis faire suer, sans coloration, pendant 2 mn, en remuant sans cesse avec une spatule en bois.

Ajouter les tomates, le thym, le sel et 2 ou 3 tours de moulin de poivre. Cuire à couvert pendant 10 mn à feu doux, en remuant régulièrement à l'aide d'une spatule pour éviter que ce mélange ne colle au fond de la casserole. Une fois la cuisson terminée, égoutter cette fondue de poivron et de tomate dans une étamine et conserver le jus qui s'en écoule.

Pendant ce temps, préparer la vinaigrette en mélangeant au fouet l'huile d'olive vierge, le vinaigre, le sel, le poivre et le poivron rouge coupé en petits dés et ébouillanté.

Ajouter le jus de cuisson qui s'est écoulé de l'étamine, donner un coup de fouet et conserver au chaud. Cette vinaigrette se sert tiède. Émincer finement les feuilles de basilic. Dans une poêle, chauffer fortement 1 cuillerée à café d'huile d'olive. Quand elle est fumante, saisir sur chaque face pendant 30 s les 12 tranches de thon. Après 1 mn de cuisson, les poser sur un papier absorbant afin de les éponger. Le thon doit être chaud mais à peine cuit (sinon il est trop sec).

PRÉSENTATION

Disperser le basilic au fond des assiettes. Poser au centre un petit tas de fondue de poivron et de tomate, puis placer autour 3 tranches de thon. Entourer de la vinaigrette au poivron tiède.

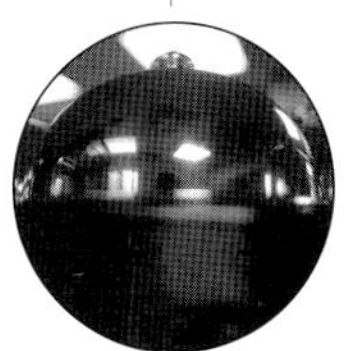

VIANDES ET VOLAILLES

VIANDES ET VOLAILLES

Peu considérées dans les régimes diététiques, les viandes méritent pourtant le détour. Les viandes rouges sont riches en fer et les viandes blanches restent peu caloriques.

COQUELET GRILLÉ EN CRAPAUDINE À LA MOUTARDE DE CHARROUX

165 KCAL PAR PERSONNE

MARCHÉ POUR 2 PERSONNES

2 PETITS COQUELETS DE 300 G ENVIRON
15 CL DE FOND DE VEAU (VOIR RECETTE P. 129)
20 G D'ÉCHALOTE
2 CUILLERÉES À SOUPE DE VINAIGRE
4 CUILLERÉES À SOUPE DE VIN BLANC SEC
15 G DE MOUTARDE DE CHARROUX OU DE MOUTARDE DE MEAUX
SEL FIN
POIVRE EN GRAINS

PRÉPARATION ET CUISSON

Fendre les coquelets de chaque côté de la colonne vertébrale et éliminer celle-ci. Glisser les articulations des pattes dans une petite incision pratiquée sur les flancs. Les ouvrir entièrement à plat en appuyant avec la main sur les «blancs» de la volaille. Les séparer en deux.

Les déposer, côté peau, sur un gril bien chaud. Assaisonner. Bien les marquer ainsi sur le grilloir, puis les poser dans un plat de cuisson. Les enduire de moutarde à l'aide d'un pinceau, puis les mettre à cuire au four à 180° (th. 6) pendant 20 mn.

Ciseler finement l'échalote. Concasser le poivre en grains. Réunir dans une casserole l'échalote, le poivre concassé, le vin blanc, le vinaigre. Réduire à feu moyen des quatre cinquièmes. Ajouter le fond de veau. Réduire jusqu'à obtention d'une consistance nappante.

PRÉSENTATION

Poser le coquelet sur une assiette. Entourer avec la sauce.

AILE ET CUISSE DE PINTADE AU POIVRE VERT

210 KCAL PAR PERSONNE

MARCHÉ POUR 4 PERSONNES

1 PINTADE FERMIÈRE DE 1,5 KG ENVIRON, PRÊTE À CUIRE
1 DL DE VIN BLANC SEC
50 G D'ÉCHALOTE
3 DL DE FOND DE VOLAILLE (VOIR RECETTE P. 130)
2 CUILLERÉES À SOUPE D'HUILE D'ARACHIDE
8 G DE POIVRE VERT
SEL FIN
POIVRE DU MOULIN
THYM

PRÉPARATION ET CUISSON

Supprimer les ailerons de la pintade. Les réserver. Assaisonner la pintade sur toutes ses faces. Introduire à l'intérieur une brindille de thym, puis déposer la volaille dans un plat à rôtir, recouverte d'une fine pellicule d'huile d'arachide et l'enfourner à four chaud (200°, th. 7) pendant 45 mn, en la retournant et en l'arrosant de son jus régulièrement (toutes les 10 mn). Au terme de la cuisson, prélever sur la carcasse les ailes et les cuisses de la pintade et les conserver au chaud, recouvertes d'un papier aluminium. Concasser la carcasse en menus morceaux. Éplucher l'échalote et la tailler en petits dés. Dans une cocotte, faire blondir à feu moyen l'échalote.

Ajouter les morceaux de carcasse et les ailerons de la pintade. Mouiller avec le vin blanc. Porter à ébullition. Ajouter le fond de volaille, et cuire ainsi à petits bouillons pendant 30 mn de façon à réduire de moitié ce liquide de cuisson. Le passer au chinois en pressant fortement les carcasses avec une louche. Déposer dans cette sauce le poivre vert, donner 2 mn de petits bouillonnements. Écumer, si nécessaire, les dernières impuretés qui montent à la surface.

Émincer de biais les ailes de pintade en 7 à 8 escalopes. Couper les cuisses en deux. Supprimer la peau (trop calorique).

PRÉSENTATION

Dans les assiettes, présenter la moitié d'une aile émincée, et la moitié d'une cuisse. Arroser de sauce au poivre vert.

SUPRÊME DE PIGEONNEAU EN JARDINIÈRE ET SES CUISSES GRILLÉES

217 KCAL PAR PERSONNE

MARCHÉ POUR 4 PERSONNES

4 PIGEONNEAUX
100 G DE CAROTTE
100 G DE NAVET
100 G DE BROCOLI
50 G DE MOUSSERONS
SEL FIN,
POIVRE DU MOULIN
POUR LE JUS :
1 OIGNON
1 CAROTTE
1 BRANCHE DE CÉLERI
1 DL DE FOND DE VEAU
(VOIR RECETTE P. 129)
3 CUILLERÉES À SOUPE DE JUS DE TRUFFE
1 CUILLERÉE À SOUPE D'HUILE D'ARACHIDE
1 BRINDILLE DE THYM

PRÉPARATION ET CUISSON

Tailler en jardinière (c'est-à-dire en bâtonnets de 5 mm d'épaisseur) les carottes et les navets, après les avoir épluchés, et les cuire à la vapeur (ou à défaut, dans de l'eau bouillante salée) une bonne dizaine de minutes.

Nettoyer et essuyer les mousserons, laver et couper les brocolis de façon à n'en garder que les extrémités (ce sont les sommités) ; les cuire à la vapeur de 7 à 8 mn, selon grosseur.

Vider si nécessaire les pigeonneaux. Les ébouillanter dans de l'eau salée pendant 2 mn. Les laisser refroidir. Verser l'huile d'arachide dans une poêle. Dès qu'elle est bien chaude, saisir sur toutes leurs faces les pigeonneaux pendant 2 à 3 mn de façon à leur donner une belle couleur dorée. Terminer la cuisson au four à 200° (th. 7) pendant 8 à 10 mn, selon la grosseur des volatiles. Les retirer du four. À l'aide d'un couteau, lever les ailes et les cuisses de la carcasse. Réserver ainsi.

Pour le jus : Concasser grossièrement la carcasse. La saisir à feu vif pendant 2 mn sur la plaque qui a servi à la cuisson. Ajouter la carotte, l'oignon et la branche de céleri coupés en petits dés. Faire suer en remuant constamment avec une spatule pendant 2 mn. Ajouter la brindille de thym. Mouiller avec le fond de veau et cuire ainsi à feu moyen pendant 7 à 8 mn. Ajouter 1 à 2 cuillerées à soupe d'eau si le jus réduit un peu trop. Passer ce jus de cuisson au chinois en pressant fortement pour récupérer le plus de saveur possible. Ajouter le jus de truffe et rectifier l'assaisonnement.

Poser les cuisses des pigeonneaux sur un grilloir bien chaud, de façon à terminer leur cuisson (2 à 3 mn). Réchauffer les ailes en les passant 1 mn sous le gril du four. Cette opération va rendre la peau croustillante tout en gardant la chair rosée.

Mélanger délicatement la jardinière de légumes, l'assaisonner et la réchauffer au four à micro-ondes (ou à défaut, dans de l'eau bouillante salée).

PRÉSENTATION

Disposer la jardinière au centre de chaque assiette. Poser sur le pourtour les ailes de pigeonneaux coupées en 3 ou 4 tranches, et les cuisses grillées. Entourer d'un cordon de jus.

OSSO BUCO À L'ORANGE

233 KCAL PAR PERSONNE

MARCHÉ POUR 4 PERSONNES

- **600 G DE JARRET DE VEAU (SANS OS)**
- **80 G D'OIGNON**
- **200 G DE TOMATE**
- **50 G DE CÉLERI BRANCHE**
- **1 ORANGE**
- **10 CL DE VIN BLANC SEC**
- **1 CUILLERÉE À SOUPE D'HUILE D'OLIVE**
- **1 PETIT BOUQUET GARNI (THYM, LAURIER)**
- **SEL, POIVRE DU MOULIN**

PRÉPARATION ET CUISSON

Couper le jarret de veau en 4 rouelles. Saler, poivrer.

Dans une cocotte, faire chauffer l'huile d'olive. Faire saisir vivement la viande sur chaque face. Ajouter l'oignon épluché et coupé en petits dés. Le laisser suer jusqu'à obtention d'une légère coloration.

Ajouter le céleri branche taillé en dés. Mélanger délicatement et faire suer 1 mn.

Mouiller de vin blanc et laisser bouillir pendant 1 mn. Peler les tomates (après les avoir plongées 10 s dans de l'eau bouillante.), les épépiner et les ajouter dans la cocotte.

Éplucher l'orange au couteau économe. Faire blanchir les zestes 3 mn dans de l'eau bouillante. Les égoutter et les tailler en fine julienne (c'est-à-dire en filaments très minces).

Couper l'orange en deux pour en extraire le jus et le verser dans la cocotte. Ajouter le bouquet garni. Couvrir et laisser cuire pendant 1 h dans le four préchauffé à 210° (th. 7).

En fin de cuisson, retirer les morceaux de viande de la cocotte et le bouquet garni.

Mixer le jus de cuisson. Le filtrer. Verser les zestes d'orange dans le jus avant d'en napper la viande.

Rectifier l'assaisonnement si nécessaire. Servir bien chaud.

POULET FERMIER RÔTI À L'ESTRAGON, CRÈME D'AIL

242 KCAL PAR PERSONNE

MARCHÉ POUR 4 PERSONNES

1 POULET FERMIER DE 1,4 KG ENVIRON
1 BRANCHE D'ESTRAGON
1 TÊTE D'AIL
1 DL DE LAIT ÉCRÉMÉ
1 CUILLERÉE À SOUPE D'HUILE D'ARACHIDE
SEL FIN, POIVRE DU MOULIN

PRÉPARATION ET CUISSON

Saler et poivrer le poulet sur toutes ses faces. Le fourrer avec la branche d'estragon. Le déposer dans un plat à rôtir, recouvert d'une fine pellicule d'huile, puis l'enfourner à four chaud (200°, th. 7) pendant environ 45 mn en le retournant et en l'arrosant de son jus de cuisson régulièrement.

Pendant ce temps, éplucher toutes les gousses de la tête d'ail. Les fendre en deux et en extraire le germe, difficile à digérer. Les disposer dans une casserole avec de l'eau froide et les porter à ébullition pour les blanchir. Les égoutter, puis les mettre à cuire avec le lait pendant une quinzaine de minutes à feu moyen. Au terme de la cuisson, mixer l'ensemble fortement, le passer au chinois et l'assaisonner.

Quand le poulet est cuit, le retirer du plat de cuisson et le garder au chaud dans le four éteint, porte entrouverte.

Mettre le plat de cuisson sur le gaz et faire pincer les sucs (c'est-à-dire les faire caraméliser sans les brûler). Jeter la graisse et déglacer avec 1 dl d'eau. Porter à ébullition en grattant le fond du plat avec une spatule. Réduire à 3 cl.

PRÉSENTATION

Couper le poulet en quatre. Ôter la peau. Le servir avec la crème d'ail et quelques gouttes de jus.

CAILLES RÔTIES AU VERJUS

243 KCAL PAR PERSONNE

MARCHÉ POUR 4 PERSONNES

8 PETITES CAILLES
50 G D'OIGNON
50 G DE CAROTTE
20 G DE CÉLERI BRANCHE
1 DL DE VERJUS*
3 CL DE VINAIGRE DE XÉRÈS
2 DL DE FOND DE VOLAILLE **(VOIR RECETTE P. 130)**
20 G DE SUCRE EN POUDRE
THYM, LAURIER
SEL FIN
POIVRE DU MOULIN

PRÉPARATION ET CUISSON

Dans une poêle antiadhésive, faire saisir rapidement sur chaque face les cailles pour leur donner une légère coloration. Les assaisonner de sel et poivre.

Éplucher les légumes et les couper en petits dés, ajouter le thym et le laurier. Les disposer au fond d'un plat à rôtir. Poser les cailles dessus et enfourner à 180° (th. 6) pendant 25 à 30 mn selon grosseur. Au terme de la cuisson, prélever les cuisses et les ailes sur les carcasses à l'aide d'un couteau. Réserver au chaud. Concasser les carcasses récupérées, les déposer dans une casserole avec les légumes de cuisson du plat à rôtir et le fond de volaille. Porter à ébullition ce mélange et faire réduire de moitié. Passer au chinois étamine en pressant fortement avec une louche, pour en extraire toutes les saveurs.

Pour la sauce : Saupoudrer le fond d'une casserole de sucre en poudre, le faire caraméliser ainsi sur le feu (attention, cette opération est très délicate car la caramélisation est très rapide). Dès obtention de la couleur blonde, verser immédiatement le vinaigre de Xérès**, qui va dissoudre le caramel. Donner des mouvements de rotation rapide au récipient pour bien mélanger les deux ingrédients. On appelle cette base de sauce, une gastrique. Verser dessus le verjus. Faire réduire l'ensemble de moitié, puis ajouter le fond de caille obtenu avec la cuisson des carcasses. Rectifier l'assaisonnement.

PRÉSENTATION

Servir les ailes et les cuisses avec le jus obtenu.

**Si vous ne trouvez pas de verjus dans le commerce, vous pouvez l'obtenir en passant à la centrifugeuse des grains de raisin vert sans pépins.*

***Une autre technique consiste à réaliser un caramel vinaigré en mélangeant dès le départ le sucre et le vinaigre et en les faisant blondir ainsi sur le feu vif.*

PICATTA DE VEAU À LA CRÈME DE LAITUE

255 Kcal par personne

Marché pour 4 personnes

4 escalopes de 120 g chacune
1 belle laitue
100 g de fromage blanc
5 cl de vin blanc
1 cuillerée à soupe d'huile d'arachide
sel fin, poivre du moulin

PRÉPARATION ET CUISSON

Demander à votre boucher de batter les escalopes (c'est-à-dire de les frapper avec une batte) pour les aplatir et obtenir des «paillardes».

Bien laver la laitue, ôter les feuilles fanées et le pied, puis l'ébouillanter pendant 3 mn. La rafraîchir immédiatement en l'immergeant dans de l'eau glacée pour qu'elle garde toute sa couleur. L'égoutter et l'essorer dans un torchon. La couper grossièrement et la mixer avec le fromage blanc. Passer cette sauce au chinois, l'assaisonner, puis la tenir au chaud au bain-marie. Attention, elle «tourne» très rapidement, car elle ne supporte pas l'excès de chaleur. Si cela était le cas, redonnez-lui un coup de mixer.

Saler et poivrer les escalopes et les cuire à la poêle en les faisant bien saisir avec l'huile d'arachide fumante. Dès qu'elles sont cuites, les retirer et les conserver au chaud. Basculer la poêle pour éliminer la matière grasse qu'elle contient. Remettre la poêle sur le feu et déglacer avec le vin. Le faire réduire de moitié. Couper les escalopes en lanières puis les déposer dans la sauce, juste pour les faire chauffer.

Selle d'agneau en croûte de pomme de terre et légumes croquants à la farigoulette (recettes pages 86 et 102)

PRÉSENTATION

Servir dans les assiettes le picatta de veau en superposant les lanières réchauffées. Entourer de points de crème de laitue et de jus de déglaçage alternés.

SELLE D'AGNEAU EN CROÛTE DE POMME DE TERRE

284 KCAL PAR PERSONNE

MARCHÉ POUR 4 PERSONNES
400 G DE SELLE D'AGNEAU DÉSOSSÉE ET DÉGRAISSÉE
200 G DE GROSSES POMMES DE TERRE
4 GOUSSES D'AIL
3 CUILLERÉES À SOUPE D'HUILE D'ARACHIDE
4 BRINDILLES DE ROMARIN
SEL, POIVRE DU MOULIN

PRÉPARATION ET CUISSON

Râper finement les pommes de terre épluchées. Les égoutter et les assaisonner. Dans de l'huile chaude (2 cl), les étaler uniformément et les faire dorer 3 mn sur une seule face. Terminer la cuisson 3 mn dans un four préchauffé à 150° (th. 5). Laisser refroidir la galette de pommes de terre ainsi obtenue.

Dans une cocotte contenant 1 cl d'huile, faire saisir la selle d'agneau sur toutes les faces jusqu'à obtention d'une coloration dorée. L'assaisonner et la faire cuire 6 à 8 mn, avec des gousses d'ail non épluchées, dans un four préchauffé à 210° (th. 7).

PHOTO PAGE PRÉCÉDENTE

Après cuisson, laisser reposer la selle d'agneau au moins 5 mn sur une assiette, à l'entrée du four.

Remettre la cocotte sur le feu. Faire caraméliser les sucs de cuisson. Jeter la graisse. Mouiller d'un verre d'eau. Détacher les sucs de cuisson à la spatule. Faire cuire jusqu'à obtention d'un jus nappant. Rectifier l'assaisonnement.

Couper la selle d'agneau en 12 noisettes de 1,5 cm environ d'épaisseur.

Tailler la galette de pommes de terre en 12 lanières (1,5 cm de large). Les réchauffer avec les gousses d'ail, sur une plaque, dans le four encore chaud. Les enrouler autour des 12 noisettes d'agneau.

PRÉSENTATION

Répartir sur chaque assiette. Entourer d'un cordon de sauce. Servir avec l'ail en chemise et les brindilles de romarin.

Ce plat s'accompagne à merveille de légumes croquants à la farigoulette (voir recette p. 102).

NOISETTES DE CHEVREUIL AU CAVIAR DE POMMES

298 KCAL PAR PERSONNE

MARCHÉ POUR 4 PERSONNES

12 NOISETTES DE 40 G DANS LE FILET OU LA SELLE DE CHEVREUIL
300 G DE POMMES DE TERRE (CHARLOTTE)
300 G DE POMMES FRUITS (MELROSE)
2 CUILLERÉES À SOUPE D'HUILE D'ARACHIDE
QUELQUES FEUILLES DE MENTHE ET QUELQUES AIRELLES

POUR LA SAUCE :
0,5 KG DE PARURE ET D'OS DE CHEVREUIL
100 G D'OIGNON
100 G DE CAROTTE
50 G DE CÉLERI BRANCHE
3 DL DE FOND DE VOLAILLE (VOIR RECETTE P. 130)
1 DL DE VIN BLANC
2 CUILLERÉES À SOUPE DE VINAIGRE DE CIDRE
20 G DE SUCRE EN POUDRE
1 GROSSE PINCÉE DE POIVRE MIGNONNETTE (POIVRE CONCASSÉ)
1 BOUQUET GARNI, SEL FIN

PRÉPARATION ET CUISSON

Éplucher la carotte et l'oignon. Les couper en petits dés ainsi que le céleri branche.

Concasser grossièrement les os et parures de chevreuil. Les faire colorer dans une cocotte avec 1 cuillerée à soupe d'huile, pendant une dizaine de minutes à four chaud en les retournant de temps en temps pour éviter qu'ils ne brûlent. Au terme de cette opération, ôter les os et parures, les réserver, et déposer dans la cocotte les légumes en dés. Les faire colorer à feu vif, sans brûler, puis les égoutter dans une passoire pour éliminer le gras contenu dans la cocotte.

Remettre à nouveau la cocotte sur le feu, avec les os, parures et dés de légumes colorés. Mouiller avec le vin blanc. Porter à ébullition en grattant le fond du récipient avec une spatule. Ajouter le fond de volaille et le bouquet garni et laisser cuire ainsi pendant au moins 1 h, en ajoutant un peu d'eau si nécessaire. Passer au chinois ; réserver.

Éplucher les pommes de terre et les pommes fruits. Les tailler en petites noisettes à l'aide d'une «cuillère à pommes noisettes» (appelée aussi «cuillère à pomme parisienne»).

Chauffer fortement 1 cuillerée à soupe d'huile d'arachide dans une poêle et faire sauter rapidement à feu vif les noisettes de pommes fruits, afin de les colorer. Cette opération ne doit pas excéder 1 mn, sinon les pommes se transforment en compote. Renouveler cette opération avec les noisettes de pommes de terre, mais cette fois-ci à feu moyen et pendant 7 à 8 mn. Au terme de la cuisson, mélanger délicatement les 2 sortes de pommes, les égoutter sur un torchon, les assaisonner et conserver au chaud.

Saupoudrer le fond d'une casserole avec le sucre en poudre, le faire caraméliser ainsi sur le feu. Dès obtention de la coloration blonde, verser immédiatement le vinaigre de cidre. Celui-ci va dissoudre le caramel. Donner des mouvements de rotation rapide au récipient pour bien mélanger les 2 ingrédients. Mouiller avec le fond de cuisson de chevreuil, ajouter le poivre mignonnette et laisser cuire 3 mn à petits frémissements.

Pendant ce temps, cuire à la poêle les noisettes de chevreuil assaisonnées. Les tenir rosées. Passer la sauce au chinois.

PHOTO PAGE SUIVANTE

PRÉSENTATION

Dans les assiettes, disposer sur un côté 3 noisettes de chevreuil surmontées de quelques airelles. Sur l'autre côté, présenter le caviar de pommes en forme de grappe. Entourer d'un cordon de jus. Surmonter la grappe de pommes d'une feuille de menthe.

MIGNON DE VEAU AUX COCOS FRAIS

320 KCAL PAR PERSONNE

MARCHÉ POUR 4 PERSONNES

500 G DE FILET MIGNON DE VEAU
500 G DE HARICOTS COCOS FRAIS
1 DL DE VIN BLANC
1 DL DE JUS DE VEAU
2 CUILLERÉES À SOUPE D'HUILE D'ARACHIDE
GARNITURE AROMATIQUE :
1 OIGNON
1 CAROTTE
1 BOUQUET GARNI
SEL FIN
POIVRE DU MOULIN

PRÉPARATION ET CUISSON

Couper 12 médaillons de 1 cm d'épaisseur environ dans le filet mignon. Réserver au frais.

Écosser les cocos, les déposer dans une casserole, mouiller à l'eau froide, porter à ébullition sur le feu puis continuer la cuisson en légers frémissements pendant 30 mn environ, avec la carotte, l'oignon, et le bouquet garni.

Faire saisir à la poêle dans l'huile d'arachide, les médaillons de veau assaisonnés sur leurs deux faces, puis laisser mijoter à feu très doux.

NOISETTES DE CHEVREUIL AU CAVIAR DE POMMES (RECETTE PAGE PRÉCÉDENTE)

Une fois cuits, retirer les médaillons de veau, les conserver au chaud, et déglacer la poêle avec le vin blanc. Réduire de moitié. Ajouter le jus de veau. Porter à ébullition. Assaisonner.

Verser les cocos dans le jus, les laisser mijoter 5 à 6 mn.

PRÉSENTATION

Disposer les cocos dans des assiettes creuses. Déposer dessus, dans chaque assiette, 3 médaillons de veau. Arroser généreusement avec le jus. Servir bien chaud.

CARRÉ D'AGNEAU AU MIEL POIVRÉ

321 KCAL PAR PERSONNE

MARCHÉ POUR 4 PERSONNES

1 CARRÉ D'AGNEAU DE 8 CÔTES (450 G UNE FOIS PARÉ) ET LA MOITIÉ DE LA SELLE QUI SUIT LE CARRÉ (350 G UNE FOIS PARÉE)
15 G DE MIEL
5 G DE POIVRE MIGNONNETTE (POIVRE CONCASSÉ)
4 GOUSSES D'AIL
SEL FIN
GARNITURE AROMATIQUE :
50 G DE CAROTTE
50 G D'OIGNON
30 G DE CÉLERI BRANCHE
2 BRINDILLES DE THYM

PRÉPARATION ET CUISSON

Faire saisir pendant 2 à 3 mn, à plat, sur les côtes, le carré d'agneau et la selle dans une cocotte bien chaude de façon à lui donner une première coloration. Poser ensuite le carré debout dans la cocotte, l'assaisonner. Tourner la selle de façon à la saisir sur toutes les faces, l'assaisonner. Déposer tout autour la garniture aromatique coupée en petits dés ainsi que les brindilles de thym et les gousses d'ail en chemise.

Enfourner la cocotte dans un four à 180° (th. 6), après avoir enveloppé les os des côtes de papier aluminium (de façon qu'ils ne brûlent pas), pendant 15 à 20 mn, selon que l'on veut une cuisson rosée ou à point.

Une fois la cocotte retirée du four, enlever le carré et la selle et laisser reposer sur une assiette pendant 5 à 6 mn, à l'entrée du four ouvert, de façon qu'ils ne refroidissent pas mais qu'ils ne continuent pas à cuire non plus.

Pendant ce temps, remettre la cocotte sur le feu, ajouter 1 dl d'eau, et réduire de moitié en décollant à la spatule en bois tous les sucs collés au fond. Passer au chinois. Rectifier l'assaisonnement. Garder au chaud.

Mélanger le miel et le poivre mignonnette, et en napper le dessus du carré et de la selle. Faire gratiner sous le gril du four de façon à donner une couleur caramel et très brillante.

PRÉSENTATION

Détacher les 8 côtes du carré et couper la selle en 4 portions. Servir avec le jus. Ajoutez quelques gousses d'ail cuites en même temps que le carré d'agneau ainsi qu'une brindille de thym.

TOURNEDOS DE CHAROLAIS À LA FICELLE, FONDUE DE TOMATE À L'AIL

325 KCAL PAR PERSONNE

MARCHÉ POUR 4 PERSONNES

500 G DE FILET DE BŒUF DU CHAROLAIS COUPÉ EN 4 TOURNEDOS (SANS BARDE DE LARD)
200 G DE TOMATES
150 G DE CAROTTE
150 G DE NAVET LONG
100 G DE BLANC DE POIREAU DE PETIT CALIBRE
100 G DE BROCOLI
50 G DE HARICOTS VERTS
2 LITRES DE CONSOMMÉ DE BŒUF (VOIR RECETTE P. 129)
1 ÉCHALOTE
1 GOUSSE D'AIL
GROS SEL
SEL FIN
POIVRE DU MOULIN

PRÉPARATION ET CUISSON

Éplucher la carotte et le navet, les couper en bâtonnets de 3 cm sur 0,5 cm.

Couper le blanc de poireau en tronçons de la même longueur. Procéder de même avec les haricots verts après les avoir équeutés.

Défaire la tête du brocoli et en récupérer les sommités (les extrémités).

Laver tous ces légumes, puis les cuire séparément à l'eau bouillante salée.

Les rafraîchir à l'eau glacée dès la fin de la cuisson, pour en conserver la couleur.

Éplucher et hacher finement l'ail et l'échalote (ôter le germe de l'ail).

Peler les tomates (après les avoir plongées 10 s dans l'eau bouillante), les couper en deux, les épépiner, puis les hacher en menus morceaux.

Faire suer rapidement dans une casserole, sans matière grasse, l'échalote et l'ail. Ajouter la tomate, assaisonner et cuire à feu doux pendant une dizaine de minutes, en remuant de temps à autre avec une spatule pour enlever l'excédent d'eau. Réserver au chaud.

Porter le consommé à ébullition. En prélever un demi-litre qui servira à réchauffer les légumes. Plonger dans le liquide de cuisson les 4 tournedos et les cuire ainsi selon convenance (la cuisson par immersion est un peu plus longue que la cuisson à la poêle). Plonger les légumes dans le consommé restant.

PRÉSENTATION

Servir les légumes bien chauds, dans des assiettes creuses, avec une petite louche de bouillon.

Poser dessus les tournedos et disposer sur chacun une quenelle de fondue de tomate confectionnée à l'aide de deux cuillères à café.

LÉGUMES

LÉGUMES

Qu'ils viennent du Nord comme les endives ou de Provence comme les courgettes, les légumes regorgent des parfums du terroir. Ils sont très faibles en calories, procurent des fibres qui facilitent la digestion et sont donc des partenaires idéals en cuisine minceur. On peut les consommer sans modération.

ÉTUVÉE DE CHOUX AU GENIÈVRE

42 KCAL PAR PERSONNE

MARCHÉ POUR 4 PERSONNES

600 G DE CHOU VERT
1 DL DE FOND (VOIR RECETTE P. 130) OU BOUILLON DE VOLAILLE
10 G DE GENIÈVRE
SEL FIN, POIVRE DU MOULIN, GROS SEL

PRÉPARATION ET CUISSON

La veille : Couper le chou en quatre , éliminer la côte centrale, puis l'émincer le plus finement possible à l'aide d'un couteau. Le laver, puis lui donner 5 mn d'ébullition dans de l'eau salée. Égoutter et rafraîchir le chou. Le déposer dans un saladier et ajouter le genièvre concassé grossièrement, ainsi que quelques pincées de sel. Bien mélanger, recouvrir d'un torchon ou d'un papier film, et laisser ainsi une nuit au réfrigérateur.

Le lendemain : Disposer le chou assaisonné dans une casserole. Verser dessus le bouillon ou le fond de volaille bouillant et laisser mijoter pendant 15 mn à couvert à feu moyen.
Rectifier l'assaisonnement et servir.
Cet accompagnement est parfait pour les volailles.

FONDUE D'ENDIVES AU CITRON

58 KCAL PAR PERSONNE

MARCHÉ POUR 4 PERSONNES

6 BELLES ENDIVES
1 CITRON
10 G DE BEURRE CLARIFIÉ*
SEL FIN, POIVRE DU MOULIN
1 PINCÉE DE PAPRIKA (FACULTATIF)

PRÉPARATION ET CUISSON

Trier les endives, éliminer la partie centrale du pied, puis les couper en rondelles très fines (émincer). Assaisonner de sel fin et de quelques tours de moulin de poivre. Bien mélanger avec les doigts pour défaire les lanières obtenues et répartir l'assaisonnement. Presser le citron et verser le jus obtenu. Mélanger à nouveau.

Dans une casserole à fond très large (sauteuse) ou dans une poêle à bord élevé, déposer le beurre. Quand il est bien chaud, y jeter les endives, puis les cuire à feu vif en remuant constamment avec une spatule pour éviter la coloration. Les endives vont fondre très rapidement et rendre ainsi leur eau de végétation.

Servir tout de suite. On peut ajouter une à deux pincées de paprika en fin de cuisson.

** Pour clarifier du beurre, il suffit de le mettre au bain-marie pour éliminer les impuretés (qui remontent à la surface sous forme d'écume) et le petit-lait (qui reste au fond du récipient). Une fois clarifié, le beurre peut être chauffé à plus haute température, et ne noircira pas à la cuisson.*

MITONNÉE DE LÉGUMES À LA CORIANDRE

58 KCAL PAR PERSONNE

MARCHÉ POUR 4 PERSONNES

150 G DE CHAMPIGNONS DE PARIS
100 G DE NAVET
100 G DE BLANC DE POIREAU FIN
8 POINTES D'ASPERGES
8 PETITES CAROTTES «FANES» (MINI-CAROTTES)
1 DL DE VIN BLANC SEC
1 BRANCHE DE CÉLERI
1 ÉCHALOTE
3 DL DE FOND DE VOLAILLE (VOIR RECETTE P. 130)
QUELQUES GOUTTES DE JUS DE CITRON
QUELQUES GRAINS DE CORIANDRE
SEL FIN
POIVRE DU MOULIN

PRÉPARATION ET CUISSON

Éplucher et ciseler finement l'échalote. La déposer dans une casserole avec le vin blanc et porter l'ensemble à ébullition.

Éplucher, laver rapidement et couper en quatre les champignons après avoir ôté le pied. Les ajouter dans la casserole, ainsi que quelques gouttes de jus de citron et 2 pincées de grains de coriandre écrasés. Assaisonner de sel fin et de poivre du moulin et cuire à couvert, à petits frémissements, pendant 8 à 9 mn.

Pendant ce temps, éplucher et laver les pointes d'asperges, couper le blanc de poireau en tronçons de 3 cm de long et le laver, enlever les filandres de la branche de céleri et le couper en petits bâtonnets, éplucher le navet et le tailler en petits dés, éplucher et laver les mini-carottes en conservant 0,5 cm de tige verte.

Après cuisson, retirer les champignons et les réserver au chaud. Ajouter le fond de volaille dans la cuisson des champignons, porter à ébullition, puis y déposer le poireau. Après 5 mn d'ébullition, ajouter les bâtonnets de céleri; 3 mn plus tard, ajouter tous les autres légumes et laisser cuire à bons bouillons pendant 8 mn. Remettre alors les champignons avec le reste des légumes. Mélanger délicatement, rectifier si nécessaire l'assaisonnement et servir bien chaud avec le bouillon corsé qui a servi à la cuisson.

PRÉSENTATION

Au moment de servir, on peut disperser sur les légumes quelques pluches de coriandre fraîche.

TAGLIATELLES DE LÉGUMES À LA CARDAMOME OU À L'ESTRAGON

61 KCAL PAR PERSONNE

MARCHÉ POUR 4 PERSONNES

180 G DE CAROTTE
180 G DE NAVET PARISIEN
180 G DE COURGETTE
60 G DE BLANC DE POIREAU
CARDAMOME OU ESTRAGON
SEL FIN, POIVRE DU MOULIN

PRÉPARATION ET CUISSON

Réduire le blanc de poireau à 1 tronçon de 12 cm de long, les couper en deux, puis tailler des lanières de 0,5 cm de largeur, sur toute la longueur. Laver et réserver.

Éplucher navets et carottes, les couper en tronçons de 12 cm de longueur. Les émincer en fines lanières sur toute la longueur, puis tailler à nouveau chaque lanière de façon qu'elles mesurent 0,5 cm de largeur.

Tailler de la même façon les courgettes, sans utiliser le cœur granuleux du légume.

Cuire séparément à la vapeur chacun des légumes. Les tremper ensuite dans de l'eau glacée pour conserver leur couleur.

Les mélanger délicatement, les assaisonner et ajouter une ou deux pincées de cardamome ou quelques pluches d'estragon.

Réchauffer au four à micro-ondes ou, à défaut, à la vapeur.

BALLUCHON DE BLETTES

63 Kcal par personne

Marché pour 4 personnes

500 g de blettes
50 g de monvelay (fromage à 20 % de matière grasse)
poivre du moulin, gros sel

PRÉPARATION ET CUISSON

Couper les parties vertes des côtes de blettes, les laver et les cuire à l'eau salée bouillante pendant 4 mn. Les rafraîchir à l'eau glacée, les égoutter, puis les éponger sur un torchon.

Casser les côtes blanches pour retirer les filandres. Les laver, les couper en deux dans le sens de la longueur, puis les émincer très finement. Les cuire à l'eau bouillante salée pendant une dizaine de minutes, puis les égoutter.

Ôter la croûte du monvelay, le râper très finement.

Mélanger les côtes de blettes et le fromage râpé. Assaisonner de quelques tours de moulin de poivre. Envelopper le tout dans les feuilles vertes de blette. Bien fermer les balluchons obtenus.

Réchauffer au four à micro-ondes ou, à défaut, au four à chaleur moyenne.

FONDUE DE FENOUIL AU PISTOU

68 Kcal par personne

Marché pour 4 personnes

400 g de fenouil
300 g de tomate
40 g d'échalote
1 botte de basilic
1 gousse d'ail
1 cuillerée à soupe d'huile d'olive
sel fin
poivre du moulin
gros sel

PRÉPARATION ET CUISSON

Ciseler finement l'échalote. Hacher l'ail après en avoir ôté le germe.

Peler les tomates (après les avoir plongées 10 s dans l'eau bouillante), les couper en deux, les épépiner, puis les couper en petits morceaux.

Couper les extrémités des bulbes de fenouil, les laver, ôter les 8 plus grosses feuilles et émincer finement le reste.

Dans une casserole contenant de l'eau bouillante salée, cuire pendant 10 mn les 8 grosses feuilles de

Photo page ci-contre

fenouil. Les piquer à l'aide d'un couteau pour vérifier la cuisson. Les rafraîchir et les réserver.

Dans la même eau de cuisson, plonger le reste du fenouil. Le cuire pendant 5 mn et l'égoutter.

Faire suer, sans coloration, l'échalote à l'huile d'olive ; ajouter les tomates, la gousse d'ail hachée, puis le fenouil émincé. Assaisonner.
Cuire à feu moyen pendant 15 mn, en remuant fréquemment avec une spatule en bois.

FINITION ET PRÉSENTATION

Effeuiller le basilic, le ciseler finement et l'incorporer à la fondue de tomates et de fenouil en fin de cuisson. Rectifier l'assaisonnement si nécessaire.

Dans chaque assiette, réunir côte à côte 2 belles feuilles de fenouil et les farcir avec la fondue au basilic. Réchauffer au four à micro-ondes si nécessaire.

MOUSSE DE CÉLERI AUX POIRES

96 KCAL PAR PERSONNE

MARCHÉ POUR 4 PERSONNES

1 BOULE DE CÉLERI RAVE (ENVIRON 600 G)	**1 CITRON**
2 POIRES WILLIAMS	**SEL FIN**
QUELQUES FEUILLES DE CÉLERI BRANCHE	**POIVRE DU MOULIN**
	GROS SEL
	1 PINCÉE D'ÉDULCORANT

PRÉPARATION ET CUISSON

Éplucher le céleri, le couper en menus morceaux. Les cuire à l'eau bouillante salée et citronnée pendant 15 à 20 mn selon grosseur (vérifier que la cuisson est terminée en piquant les morceaux avec la pointe d'un couteau).
Égoutter les morceaux de céleri, les passer au presse-purée avec une grille très fine. Enfermer la purée obtenue dans un torchon et la presser au maximum de façon à éliminer le plus possible d'humidité.

Éplucher les poires, les couper en deux et éliminer les tiges et les pépins, puis les couper en petits dés et les faire compoter à feu doux avec l'édulcorant et quelques gouttes de jus de citron. Les remuer sans cesse avec une spatule pendant 7 à 8 mn, jusqu'à ce qu'elles soient réduites en purée.

Bien mélanger les deux purées. Assaisonner. Réchauffer au four à micro-ondes.

PRÉSENTATION

Confectionner, à l'aide de deux cuillères à entremets, des quenelles de mousse de céleri sur les assiettes. Au pied de chaque quenelle, mettre une petite feuille bien blanche de céleri branche. Cette mousse de céleri peut accompagner le foie de veau, les ris de veau, ainsi que les volailles.

COURGETTES FARCIES À LA TOMBÉE DE TOMATE AU BASILIC

102 KCAL PAR PERSONNE

MARCHÉ POUR 4 PERSONNES

4 COURGETTES, SOIT 800 G
400 G DE TOMATES FRAÎCHES
1 GOUSSE D'AIL
1 ÉCHALOTE
1 BOTTE DE BASILIC
1 CUILLERÉE À SOUPE D'HUILE D'OLIVE
SEL FIN
POIVRE DU MOULIN
GROS SEL

PRÉPARATION ET CUISSON

Couper les extrémités des courgettes, les laver, les canneler, puis tailler chacune d'elles en 5 tronçons de 3 cm de hauteur environ. Évider chaque tronçon à l'aide d'une cuillère à pomme noisette ou, à défaut, à l'aide d'une cuillère à thé. Cuire ces tronçons pendant 5 mn à l'eau bouillante salée. Arrêter la cuisson en les trempant dans l'eau glacée, ce qui a aussi pour effet de conserver leur couleur bien verte. Les retourner sur un torchon de façon qu'ils soient bien égouttés. Peler les tomates (après les avoir trempées 10 s dans l'eau bouillante), les couper en deux, les épépiner, puis les concasser. Éplucher la gousse d'ail, la couper en deux et éliminer le germe, puis la hacher. Éplucher et ciseler finement l'échalote. Dans une casserole, verser l'huile d'olive. Quand elle est bien chaude, ajouter l'échalote ciselée. Faire suer sans coloration pendant 1 mn en remuant en permanence avec une spatule en bois. Ajouter l'ail, puis la tomate concassée.

Assaisonner et cuire à feu doux pendant une dizaine de minutes en remuant fréquemment avec une spatule pour éviter que cette tombée de tomate ne colle au récipient.

Effeuiller la botte de basilic et ciseler finement les feuilles obtenues. Les déposer dans la tombée de tomate. Bien mélanger, puis garnir avec cet appareil tous les tronçons de courgette.

Réchauffer au four à micro-ondes, ou à défaut dans un four normal à 150° (th. 5).

FLAN D'ARTICHAUT AUX POINTES D'ASPERGES

103 KCAL PAR PERSONNE

MARCHÉ POUR 4 PERSONNES

3 FONDS D'ARTICHAUT (180 G)
150 G DE POINTES D'ASPERGES VERTES
30 CL DE LAIT ÉCRÉMÉ
2 ŒUFS ENTIERS
1 JAUNE D'ŒUF
SEL FIN, POIVRE DU MOULIN
GROS SEL, NOIX DE MUSCADE

MATÉRIEL SPÉCIFIQUE : 12 PETITS RAMEQUINS

PRÉPARATION ET CUISSON

Éplucher les asperges vertes et les cuire dans de l'eau bouillante salée. Après 10 mn de cuisson, les

retirer et les plonger dans l'eau glacée (de façon à conserver leur couleur).

Si vous utilisez des artichauts frais, les débarrasser de leurs feuilles tout autour du fond, à l'aide d'un couteau, et les cuire 30 mn dans de l'eau bouillante salée et citronnée. Les rafraîchir, ôter le foin situé dans le cœur de l'artichaut. Couper les artichauts et les asperges en petits dés.

Garnir 12 petits ramequins de ces morceaux en les remplissant à mi-hauteur.

Battre les 2 œufs avec le jaune. Verser dessus le lait écrémé bouillant. Assaisonner de sel fin, d'un tour de moulin de poivre et de râpures de noix de muscade. Bien mélanger le tout. Passer au chinois étamine et remplir les ramequins.

Cuire au bain-marie à 120° (th. 4) pendant 40 mn.

LÉGUMES CROQUANTS À LA FARIGOULETTE

105 KCAL PAR PERSONNE

MARCHÉ POUR 4 PERSONNES

200 G DE CAROTTES
150 G DE CÉLERI BRANCHE
50 G DE POIVRON ROUGE
200 G DE COURGETTES
4 CL D'HUILE D'OLIVE
2 BRINDILLES DE FARIGOULETTE (THYM SAUVAGE)
SEL FIN, POIVRE DU MOULIN

PRÉPARATION ET CUISSON

Éplucher et laver les carottes et le céleri branche. Épépiner le poivron et couper les extrémités des courgettes, les laver. Tailler tous ces légumes en petits dés de 1 cm de côté.

Dans une poêle, verser 1 cl d'huile d'olive. Quand elle est bien chaude, y déposer les dés de carottes. Assaisonner et cuire ainsi à feu moyen, pendant 8 mn en remuant souvent.

Pendant ce temps, dans une autre poêle, faire cuire le céleri de la même façon pendant 6 mn. Procéder de même avec les courgettes pendant 3 mn, puis avec le poivron pendant 5 mn.

Rassembler tous ces légumes. Les disposer sur un papier absorbant (qui va éponger la matière grasse). Ajouter les brindilles de farigoulette. Rectifier l'assaisonnement. Réchauffer rapidement au micro-ondes à mi-puissance pendant 1 à 2 mn et servir.

PHOTO PAGE 85

CAVIAR DE POIREAU

118 KCAL PAR PERSONNE

MARCHÉ POUR 4 PERSONNES

800 G DE BLANC DE POIREAU
SEL FIN, POIVRE DU MOULIN
20 G DE BEURRE CLARIFIÉ (VOIR P. **94**)

PRÉPARATION ET CUISSON

Couper les poireaux en quatre dans le sens de la longueur, puis les émincer très finement (le plus fin possible). Les laver, puis les disposer dans une casserole sur le beurre chaud. Assaisonner et remuer de temps en temps pour bien faire fondre ces poireaux sans qu'ils ne colorent.

Cuire ainsi à feu doux pendant une dizaine de minutes. Rectifier l'assaisonnement et servir de préférence avec un poisson.

RAGOÛT DE LÉGUMES PROVENÇAUX

125 KCAL PAR PERSONNE

MARCHÉ POUR 4 PERSONNES

2 POIREAUX DE PETITE TAILLE
80 G DE CAROTTE
12 POINTES D'ASPERGES VERTES
80 G DE FENOUIL
100 G DE COURGETTE
50 G DE CÉLERI BRANCHE
8 PETITS OIGNONS NOUVEAUX
16 POIS GOURMANDS
LE JUS DE 1/2 CITRON
1 CUILLERÉE À SOUPE D'HUILE D'OLIVE
1 PINCÉE DE CARDAMOME
33 CL DE FOND DE VOLAILLE (VOIR RECETTE P. 130)
QUELQUES GRAINS DE CORIANDRE
SEL FIN
GROS SEL
POIVRE DU MOULIN

PRÉPARATION ET CUISSON

Tailler les légumes : poireaux en sifflets, c'est-à-dire en bâtonnets de 5 cm coupés de biais ; asperges épluchées et coupées sur une longueur de 6 cm au niveau des pointes ; courgette en dés de 1 cm de côté, sans la partie centrale du légume ; branche de céleri en bâtonnets de 4 cm de long et 1 cm de large ; oignons nouveaux épluchés en laissant 0,5 cm de tige verte ; carotte en bâtonnets de 4 cm de long et 1 cm d'épaisseur ; fenouil en dés de 1 cm de côté ; pois gourmands effilés (comme des haricots verts).

Saisir dans quelques gouttes d'huile d'olive les courgettes (30 s). Les retirer puis procéder de même avec les fenouils et les carottes.

Cuire les asperges à l'eau bouillante salée. Réserver au frais, après les avoir plongées dans de l'eau glacée pour arrêter la cuisson et surtout pour conserver leur couleur.

Faire suer très rapidement (30 s) dans une casserole avec quelques gouttes d'huile d'olive les poireaux et les oignons, sans coloration. Mouiller avec 33 cl d'eau (ou mieux, un fond de volaille), le jus d'un demi-citron, une pincée de cardamome, quelques grains de coriandre, 2 tours de moulin de poivre et une pincée de sel fin. Ajouter les carottes.

Après 5 mn de cuisson, ajouter les fenouils, les céleris, les pois gourmands. Prolonger de 8 mn la cuisson à petite ébullition, puis ajouter les pointes d'asperges et les courgettes. Maintenir la cuisson encore 3 mn, puis faire rouler les légumes dans la casserole (en lui imprimant des mouvements de rotation) de façon à leur donner du brillant avec le jus de cuisson, qui doit avoir fortement réduit.

PRÉSENTATION

Ouvrir les pois gourmands et les présenter sur les autres légumes afin de donner un peu de volume à l'ensemble. Servir bien chaud.

MOUSSAKA D'AUBERGINES EN CHARTREUSE

126 KCAL PAR PERSONNE

MARCHÉ POUR 4 PERSONNES

800 G D'AUBERGINES	THYM
100 G D'OIGNON	GROS SEL, POIVRE DU MOULIN
150 G DE COURGETTES	FACULTATIF :
2 CUILLERÉES À SOUPE	**1** GOUSSE D'AIL CONFITE*
D'HUILE D'OLIVE	**1** DL D'HUILE D'ARACHIDE

MATÉRIEL SPÉCIFIQUE : 4 RAMEQUINS

PRÉPARATION ET CUISSON

Peler, épépiner, puis tailler en rondelles les aubergines. Les faire dégorger pendant 1 h dans du gros sel. Les rincer, puis bien les égoutter.

Ciseler finement l'oignon. Le faire suer doucement dans l'huile d'olive. Ajouter les aubergines, quelques fleurs de thym, 2 à 3 tours de moulin de poivre et laisser compoter tranquillement sur le feu pendant une vingtaine de minutes. On peut ajouter aussi, pour parfumer la cuisson, la gousse d'ail confite écrasée.

Couper les courgettes en fines lanières de 1 cm de largeur, les ébouillanter pendant 30 s puis les déposer côte à côte tout autour à l'intérieur des 4 ramequins, en les faisant se chevaucher légèrement. Remplir avec la compote d'aubergine. Bien tasser. Replier par-dessus l'excédent de lanières de courgettes. Chauffer au four à micro-ondes et démouler prudemment.

** Pour confire l'ail, il suffit de cuire doucement la gousse non épluchée dans l'huile d'arachide (l'ail doit être complètement immergé). Après cuisson, cette huile se fige et aide ainsi à la conservation.*

POULETTE DE GRAIN DE BLÉ À LA CRÈME DE BACON

198 KCAL PAR PERSONNE

MARCHÉ POUR 4 PERSONNES

160 G DE GRAINS DE BLÉ ENTIER	**3** CUILLERÉES À SOUPE
50 G DE BACON	DE VINAIGRE DE VIN
20 G D'ÉCHALOTE	**1** JAUNE D'ŒUF
60 G DE FROMAGE BLANC	GROS SEL, POIVRE DU MOULIN

PRÉPARATION ET CUISSON

Porter à ébullition 2 litres d'eau salée. Y verser en pluie les grains de blé entier. Remuer de temps en temps et cuire pendant 18 à 20 mn, selon que l'on aime une cuisson *al dente* ou non.

La sauce : Couper le bacon en menus morceaux. Les saisir rapidement sans matière grasse dans une petite casserole, pour leur apporter une légère coloration. Ajouter l'échalote ciselée, faire suer à nouveau pendant 1 mn. Verser sur ce mélange le vinaigre de vin, puis 10 cl d'eau. Cuire 5 mn et mixer finement. Passer au chinois, en pressant fortement de façon à bien récupérer tous les sucs de ce jus de cuisson. Verser le jus obtenu sur le jaune d'œuf et émulsionner ce mélange au bain-marie, jusqu'à l'obtention d'une sauce onctueuse. Ajouter alors le fromage blanc. Rectifier l'assaisonnement et réserver au chaud.

Attention : la température de cette sauce ne doit jamais dépasser 65° car elle est constituée de jaune d'œuf !

Égoutter les grains de blé, les plonger dans la sauce ; bien mélanger et servir tout de suite.

DESSERTS

DESSERTS

Au fil des saisons, les fruits bien choisis et bien mûris s'imposent comme des aliments aux plaisirs subtils et parfumés si l'on sait mettre en valeur leurs essences. C'est le tonus assuré, car, pour la plupart, ils sont riches en vitamine C.

GRANITÉ DE MENTHE

0 KCAL PAR PERSONNE

MARCHÉ POUR 4 PERSONNES

1 CUILLERÉE À CAFÉ D'ÉDULCORANT

1 BOTTE DE MENTHE POIVRÉE

PRÉPARATION

Porter à ébullition 40 cl d'eau et l'édulcorant. Retirer du feu, ajouter la botte de menthe, recouvrir la casserole d'un couvercle et laisser infuser pendant 1 h jusqu'à complet refroidissement. Passer au chinois étamine.

Prélever 4 cuillerées à soupe d'infusion, la verser dans un plat creux et la faire prendre au congélateur en remuant 2 ou 3 fois avec une fourchette, pour obtenir un effet de paillettes.

Pendant ce temps, verser le reste de l'infusion dans la sorbetière et le faire tourner jusqu'à épaississement par le froid.

PRÉSENTATION

Servir le granité dans des verres à pied. Parsemer dessus les paillettes cristallisées.

Le granité ne doit être « turbiné » que quelques minutes avant d'être servi afin de ne pas en modifier la texture. Il est proposé en général en milieu de repas, et peut être accompagné d'une pincée de menthe fraîche ciselée.

COULIS DE FRUITS ROUGES

20 KCAL PAR PERSONNE

MARCHÉ POUR 4 PERSONNES

200 G DE FRAISES OU DE FRAMBOISES OU DE MÛRES

ÉDULCORANT (SELON LA TENEUR EN SUCRE DES FRUITS)

QUELQUES GOUTTES DE JUS DE CITRON

PRÉPARATION

Équeuter si nécessaire et laver les fruits avec beaucoup de délicatesse. Les égoutter sur un torchon, puis les mixer. Les passer au chinois étamine en pressant fortement avec une louche.

Ajouter quelques gouttes de jus de citron, et sucrer avec parcimonie ce coulis en le goûtant pour obtenir la saveur sucrée que vous désirez. Bien mélanger au fouet et servir en accompagnement des desserts.

Le choix des fruits est très important. Préférez des fruits bien mûrs, pleins d'arômes, vous n'aurez peut-être ainsi pas besoin d'ajouter d'édulcorant et vous éviterez l'acidité désagréable du fruit immature.

MOUSSE D'AGRUMES

55 KCAL PAR PERSONNE

MARCHÉ POUR 4 PERSONNES

30 CL DE JUS D'ORANGE
17 CL DE JUS DE PAMPLEMOUSSE
3 CUILLERÉES À SOUPE DE JUS DE CITRON VERT
2 BLANCS D'ŒUFS (50 G)
2,5 FEUILLES DE GÉLATINE (2,5 G CHACUNE)
1 CUILLERÉE À CAFÉ D'ÉDULCORANT

MATÉRIEL SPÉCIFIQUE : 4 CERCLES OU RAMEQUINS

PRÉPARATION

Rassembler le jus des agrumes et le réduire de moitié à feu vif, de façon à en retirer 25 cl (afin d'obtenir une concentration des saveurs).

Ramollir la gélatine à l'eau froide, puis l'incorporer au jus encore chaud. Bien mélanger, puis passer au chinois étamine. Réserver au frais et laisser prendre jusqu'à l'obtention d'une consistance de colle (assez fluide quand même !).

Pendant ce temps, monter les blancs d'œufs en neige bien ferme. Leur incorporer l'édulcorant. Redonner un bon coup de fouet et incorporer au jus gélatiné. Mélanger rapidement au fouet de façon à ne pas laisser tomber les blancs. Mouler dans 4 cercles ou ramequins et laisser prendre au moins 2 à 3 h au réfrigérateur.

Démouler en vous aidant de la pointe d'un couteau pour décoller le tour.

Ces mousses pouvant se congeler, on peut en prévoir la fabrication quelques jours à l'avance. Elles se conservent ainsi très bien.

SOUPE DE PÊCHES À LA VERVEINE ODORANTE ET AUX GROSEILLES

55 KCAL PAR PERSONNE

MARCHÉ POUR 2 PERSONNES

2 PÊCHES BLANCHES
30 G DE GROSEILLES ROUGES FRAÎCHES
1 CUILLERÉE À CAFÉ D'ÉDULCORANT LIQUIDE
1 PINCÉE DE FEUILLES DE VERVEINE ODORANTE (APPELÉE AUSSI CITRONNELLE)

PRÉPARATION ET CUISSON

Faire bouillir 25 cl d'eau. Ajouter les feuilles de verveine odorante (en conserver quelques-unes pour la décoration), au goût citronné, couvrir la casserole et laisser infuser hors du feu pendant 8 mn.

Passer à l'étamine et sucrer avec l'édulcorant. Conserver au frais.

Pocher les pêches 2 mn à l'eau bouillante. Retirer la peau et les couper en tranches délicatement.

PRÉSENTATION

Les disposer harmonieusement dans une assiette creuse. Recouvrir avec l'infusion de verveine, parsemer de groseilles fraîches. Décorer avec des feuilles de verveine odorante.

SOUFFLÉ GLACÉ AUX FRUITS ROUGES

55 KCAL PAR PERSONNE
AVEC DU FROMAGE BLANC À 0 %

74 KCAL PAR PERSONNE
AVEC DU FROMAGE BLANC À 20 %

MARCHÉ POUR 4 PERSONNES

200 G DE FRAMBOISES
100 G DE FRAISES DES BOIS
100 G DE FROMAGE BLANC À 0 % OU À 20 %
3 BLANCS D'ŒUFS
1 CUILLERÉE À CAFÉ D'ÉDULCORANT EN POUDRE

MATÉRIEL SPÉCIFIQUE : 4 TIMBALES À SOUFFLÉ

PRÉPARATION

Prendre des timbales à soufflé. Les entourer extérieurement d'une bande de papier sulfurisé dépassant les bords de 4 cm, et scotcher.

Mixer les fruits après en avoir réservé quelques-uns pour la décoration. Les mélanger au fromage blanc en insistant pour les incorporer intimement.

Monter en neige bien ferme les blancs d'œufs avec l'édulcorant. Goûter et sucrer un peu plus si nécessaire. Les blancs montés doivent avoir un goût de « trop sucré ».

Mélanger au fouet, rapidement et sans trop laisser tomber les blancs, tous les ingrédients.

Verser cet appareil dans les timbales préparées. Lisser le dessus avec une spatule. Faire prendre au freezer pendant au moins 3 h.

PRÉSENTATION

Quand les soufflés sont glacés, retirer la feuille de papier sulfurisé qui les entoure. Décorer le dessus avec les fruits réservés et servir bien frais.

FRAISES AU CITRON

57 KCAL PAR PERSONNE

MARCHÉ POUR 4 PERSONNES

500 G DE FRAISES « GARRIGUETTES »
1 CITRON JAUNE
1 CUILLERÉE À SOUPE D'ÉDULCORANT LIQUIDE
QUELQUES FEUILLES DE MENTHE
FACULTATIF : 4 BOULES DE SORBET CITRON (40 KCAL SUPPLÉMENTAIRES POUR UNE BOULE DE 35 G)

PRÉPARATION

Confectionner un sirop en faisant bouillir 5 dl d'eau avec le jus du citron et une cuillerée à soupe d'édulcorant liquide. Arrêter la cuisson à la première ébullition et laisser refroidir.

Équeuter les fraises, les laver dans beaucoup d'eau avec précaution. Les égoutter sur un torchon, puis les faire mariner au frais dans le sirop au citron pendant toute la nuit.

PRÉSENTATION

Le lendemain, les couper en tranches. Les disposer dans des assiettes creuses, puis les napper de sirop. Décorer de feuilles de menthe.

On peut accompagner ce mets d'un sorbet citron que l'on pose sur les fraises.

SUPRÊME D'ORANGES À L'ORANGE (RECETTE PAGE SUIVANTE)

BAVAROIS AU CITRON

68 KCAL PAR PERSONNE

MARCHÉ POUR 6 PERSONNES

1/2 LITRE DE LAIT ÉCRÉMÉ
3 JAUNES D'ŒUFS
2 CITRONS JAUNES
1 CUILLERÉE À CAFÉ D'ÉDULCORANT EN POUDRE
4 FEUILLES DE GÉLATINE (10 G)

MATÉRIEL SPÉCIFIQUE : 6 RAMEQUINS

PRÉPARATION

Éplucher les citrons à l'aide d'un couteau économe pour en prélever les zestes. Faire bouillir le lait avec ces zestes.

Blanchir fortement, à l'aide d'un fouet, les jaunes d'œufs avec l'édulcorant. Verser le lait bouillant sur les jaunes d'œufs blanchis. Mélanger au fouet et cuire à feu doux, sans faire bouillir, en remuant sans cesse cette crème anglaise au citron avec une spatule, pendant 5 mn.

Presser les deux citrons épluchés pour en récupérer le jus. Le faire réduire de moitié sur le feu.

Tremper la gélatine dans de l'eau froide pour la ramollir, puis l'incorporer à la crème au citron encore chaude, afin qu'elle fonde et se mélange. Ajouter le jus de citron réduit. Goûter et ajouter si nécessaire un peu d'édulcorant. Passer au chinois ou à l'étamine. Remplir 6 ramequins. Laisser prendre au réfrigérateur pendant 3 à 4 h.

«PETITS POTS» DE CRÈME À L'ORANGE

72 KCAL PAR PERSONNE

MARCHÉ POUR 6 PERSONNES

2 ŒUFS DE 70 G CHACUN
1 JAUNE D'ŒUF
40 CL DE LAIT ÉCRÉMÉ
2 ORANGES À JUS
1 CUILLERÉE À SOUPE D'ÉDULCORANT

MATÉRIEL SPÉCIFIQUE : 6 PETITS PLATS À GRATIN

PRÉPARATION ET CUISSON

Éplucher les oranges à l'aide d'un couteau économe (sans prendre la peau blanche qui est très amère). Les presser pour en extraire le jus.

Réunir dans une casserole le lait et les pelures d'oranges. Porter à ébullition pendant 5 mn. Faire réduire le jus d'orange des deux tiers.

Mélanger à l'aide d'un fouet les œufs, le jaune, l'édulcorant et le jus d'orange. Verser le lait bouillant sur ce mélange. Bien remuer, puis passer au chinois étamine. Remplir des plats individuels à gratin avec cet appareil. Cuire au four, au bain-marie à 150° (th. 5) pendant 40 mn. Vérifier la cuisson en piquant le centre avec un couteau (la lame doit ressortir parfaitement propre). Ôter du bain-marie et ranger les plats au réfrigérateur pour les servir bien frais.

La recette traditionnelle classique se prépare dans des ramequins, d'où son nom. Mais dans notre formule minceur, l'appareil étant faible en œuf, sa consistance ne permet pas une bonne tenue après démoulage. Nous préférons donc la présenter comme une crème brûlée.

SOUPE DE MELON AUX FRAMBOISES

74 KCAL PAR PERSONNE

MARCHÉ POUR 4 PERSONNES

2 MELONS DE 750 G OU 1 MELON DE 1,5 KG, BIEN MÛR
200 G DE FRAMBOISES
QUELQUES FEUILLES DE MENTHE

PRÉPARATION ET CUISSON

Couper les melons en deux, les vider de leurs pépins, et dégager la chair à l'aide d'une cuillère à entremets. Passer cette chair à la centrifugeuse, ou à défaut, au mixer et conserver au frais.

PRÉSENTATION

Verser cette préparation dans une assiette creuse. Disposer harmonieusement les framboises et les décorer avec les feuilles de menthe (en petits bouquets de préférence). Servir bien frais.

MINESTRONE DE FRUITS FRAIS AU BASILIC

76 KCAL PAR PERSONNE

MARCHÉ POUR 4 PERSONNES

1 CUILLERÉE À CAFÉ D'ÉDULCORANT LIQUIDE
100 G DE MANGUE
100 G DE FRAISES
100 G DE KIWI
100 G DE PAPAYE
200 G D'ANANAS
6 FEUILLES DE BASILIC
QUELQUES GOUTTES DE JUS DE CITRON

PRÉPARATION ET CUISSON

Émincer finement les feuilles de basilic. Porter à ébullition 33 cl d'eau et l'édulcorant ; ajouter le basilic et le jus de citron ; porter de nouveau à ébullition, arrêter la cuisson et laisser refroidir.

Laver les fraises et les couper en petits dés de 0,5 cm de côté. Éplucher les autres fruits et les tailler de la même façon. Rassembler tous ces petits dés et les recouvrir avec le sirop au basilic froid.

Laisser mariner de préférence au moins 1 h au frais, avant de servir.

SUPRÊMES D'ORANGES À L'ORANGE

78 KCAL PAR PERSONNE

MARCHÉ POUR 4 PERSONNES

1 CUILLERÉE À CAFÉ D'ÉDULCORANT (FACULTATIF)
8 ORANGES À JUS

PRÉPARATION ET CUISSON

À l'aide d'un couteau bien aiguisé, peler à vif 5 oranges. En extraire les quartiers sans laisser de membrane blanche. Réserver au frais.

À l'aide d'un couteau, peler une orange en évitant de laisser sur la peau la partie blanche (très amère). Découper les lanières en fine julienne (c'est à dire en filaments très minces) de façon à obtenir des zestes. Les ébouillanter, puis les rafraîchir.

Presser 3 oranges pour en extraire le jus. Le faire réduire des deux tiers sur le feu. Goûter et sucrer, si nécessaire, avec de l'édulcorant. Verser sur les quartiers avec les zestes. Faire mariner une nuit au réfrigérateur avant de sevir.

PHOTO PAGE PRÉCÉDENTE

BAVAROISE EN PLOMBIÈRE DE FRUITS ROUGES

96 KCAL PAR PERSONNE

MARCHÉ POUR 4 PERSONNES

100 G DE FRAISES
70 G DE FRAMBOISES
3 JAUNES D'ŒUFS
4 DL DE LAIT ÉCRÉMÉ
1 GOUSSE DE VANILLE
3 FEUILLES DE GÉLATINE
1 CUILLERÉE À SOUPE D'ÉDULCORANT

MATÉRIEL SPÉCIFIQUE : 4 CERCLES DE 7 CM DE LARGE SUR 5 CM DE HAUT OU 4 RAMEQUINS

PRÉPARATION ET CUISSON

Porter le lait à ébullition avec la gousse de vanille.

Battre les jaunes d'œufs avec l'édulcorant. Verser sur ce mélange le lait bouillant. Cuire à feu doux, en remuant sans cesse avec une spatule pendant 3 à 4 mn sans laisser bouillir ; c'est une crème anglaise.

Tremper dans l'eau froide les feuilles de gélatine pour les ramollir ; les égoutter, puis les incorporer à la crème anglaise chaude. Bien mélanger, puis passer au chinois. Laisser refroidir.

Couper la moitié des fraises en tranches fines. Chemiser (c'est-à-dire disposer le long des parois) l'intérieur des 4 cercles ou à défaut des ramequins avec ces tranches. Couper le reste des fraises et les framboises en petits dés. Les mélanger à la crème anglaise qui commence à prendre, puis remplir les cercles, ou les ramequins. Laisser prendre au réfrigérateur pendant 3 à 4 h avant de démouler délicatement.

GRATIN DE PAMPLEMOUSSE ROUGE

96 KCAL PAR PERSONNE

MARCHÉ POUR 4 PERSONNES

2 GROS PAMPLEMOUSSES ROUGES BIEN FERMES (SOIT 500 G DE QUARTIERS)
2 JAUNES D'ŒUFS
125 G DE FROMAGE BLANC LISSE
1 CUILLERÉE À CAFÉ D'ÉDULCORANT LIQUIDE
1 GOUSSE DE VANILLE (FACULTATIF)

MATÉRIEL SPÉCIFIQUE : 4 PLATS À GRATIN INDIVIDUELS

PRÉPARATION ET CUISSON

Peler à vif les pamplemousses à l'aide d'un couteau. Lever ensuite tous les quartiers en coupant de chaque côté des membranes. Presser celles-ci pour en récupérer le jus. Égoutter les quartiers, les disposer dans des plats à gratin individuels.

Déposer dans un saladier (ou cul-de-poule) les jaunes d'œufs. Verser dessus 2 cuillerées à soupe de jus de pamplemousse et émulsionner au bain-marie, à l'aide d'un fouet, ce mélange jusqu'à ce qu'il épaississe. Ajouter alors le fromage blanc, puis l'édulcorant. Bien mélanger.

FINITION ET PRÉSENTATION

Napper les quartiers de pamplemousses et les faire gratiner sous le gril du four jusqu'à obtention d'une coloration « tigrée ».

On peut ajouter dans l'appareil à gratin, avant la cuisson sous le gril, quelques graines

POMME GLACÉE À LA POMME ET COULIS D'ORANGE À LA LAVANDE
(RECETTE PAGE SUIVANTE)

de vanille récupérées en coupant une gousse dans le sens de la longueur, et en grattant l'intérieur avec la pointe du couteau.

POIRE POCHÉE AUX DEUX VINS

96 KCAL PAR PERSONNE

MARCHÉ POUR 4 PERSONNES

4 POIRES WILLIAMS
1 BOUTEILLE DE VIN BLANC (POUILLY FUMÉ)
1 BOUTEILLE DE VIN ROUGE (BEAUJOLAIS)
1 CITRON
1 ORANGE
1 BÂTON DE CANNELLE
ÉDULCORANT

PRÉPARATION ET CUISSON

Éplucher le citron à l'aide d'un couteau économe et déposer les zestes obtenus dans le vin blanc. Porter sur le feu et faire réduire de moitié.

Éplucher l'orange de la même façon, la déposer dans le vin rouge, ajouter la cannelle, porter sur le feu et faire réduire de moitié.

Éplucher les poires, les couper en deux, les épépiner et cuire 4 demi-poires dans le vin rouge et les 4 autres dans le vin blanc. Les piquer à l'aide d'une pointe de couteau pour vérifier la cuisson. Les laisser dans leur jus de cuisson, au frais, pendant au moins une nuit. Rectifier le goût avec un peu d'édulcorant, si nécessaire.

Le lendemain, égoutter les poires et réduire séparément chaque jus de cuisson, jusqu'à obtenir l'état de sirop. Refroidir. Émincer les poires.

PRÉSENTATION

Servir sur assiette, en éventail, une demi-poire au vin blanc et une demi-poire au vin rouge, nappées de leurs sirops respectifs.

POMME GLACÉE À LA POMME

97 KCAL PAR PERSONNE

MARCHÉ POUR 4 PERSONNES

2 POMMES GRANNY SMITH
4 BOULES DE SORBET À LA POMME (DE 40 G CHACUNE)

POUR LE TREMPAGE*:
33 CL D'EAU
400 G DE SUCRE

PRÉPARATION ET CUISSON

Faire un sirop en mélangeant le sucre et l'eau et en arrêtant la cuisson dès la première ébullition. Couper en deux, puis en lamelles de 2 mm d'épaisseur, les pommes granny smith.
Les tremper dans le sirop froid, puis les poser les unes à côté des autres sur un papier sulfurisé. Laisser sécher à l'étuve (à 70°) ou à défaut dans un four (th. 2) pendant au moins 5 h, de façon qu'elles soient croustillantes.

PRÉSENTATION

Sur chaque assiette, poser une boule de sorbet à la pomme, et piquer celle-ci des lamelles de pommes séchées de façon à la recouvrir.

PHOTO PAGE PRÉCÉDENTE

On peut accompagner ce dessert d'un coulis d'orange au miel de lavande (voir recette p. 120).

** Après trempage, seulement 9 g de sirop sont restés sur les pommes, soit 5 g de sucre.*

BRÛLOT D'AGRUMES

115 KCAL PAR PERSONNE

MARCHÉ POUR 4 PERSONNES

2 PAMPLEMOUSSES ROUGES
2 BELLES ORANGES DE TABLE
200 G DE POMME ROUGE (FUJI OU MELROSE)
1 BEAU KIWI
2 CUILLERÉES À SOUPE DE MIEL D'ACACIA (30 G)

MATÉRIEL SPÉCIFIQUE : 1 CERCLE À TARTE DE 10 CM DE DIAMÈTRE

PRÉPARATION ET CUISSON

À l'aide d'un couteau, peler à vif les oranges et les pamplemousses, en ne laissant aucun morceau de peau blanche sur les chairs (car celle-ci est très amère). Lever ensuite tous les quartiers des fruits en veillant bien à éliminer la membrane.

Éplucher et vider la pomme. La couper en quartiers assez fins.

Dans une poêle chaude, verser le miel. Quand il est mousseux, ajouter les quartiers de pomme. Les cuire ainsi 1 à 2 mn sur chaque face, selon l'épaisseur. Puis incorporer les quartiers de pamplemousses et d'oranges. Laisser cuire encore 3 mn en remuant très délicatement avec une spatule en bois, car le miel risque de caraméliser très vite sur les bords de la poêle.

Éplucher le kiwi, le couper en deux, puis en tranches très fines.

PRÉSENTATION

Dans chaque assiette, poser un cercle de 10 cm de diamètre. En chemiser l'intérieur avec les tranches de kiwi (c'est-à-dire, les disposer debout comme pour former une couronne). Garnir l'intérieur du chemisage avec les quartiers de fruits caramélisés au miel. Retirer le cercle après avoir légèrement tassé le mélange. Servir bien chaud.

SOURIS BLANCHES EN CRÈME À LA CANNELLE

117 KCAL PAR PERSONNE

MARCHÉ POUR 4 PERSONNES

3 ŒUFS
4 DL DE LAIT ÉCRÉMÉ
1 DEMI-GOUSSE DE VANILLE
20 G DE CHOCOLAT NOIR
1 PINCÉE DE CANNELLE EN POUDRE
24 LAMELLES D'AMANDES EFFILÉES
1 CUILLERÉE À SOUPE D'ÉDULCORANT LIQUIDE
1 CUILLERÉE À CAFÉ D'ÉDULCORANT EN POUDRE

PRÉPARATION ET CUISSON

Faire bouillir le lait avec la vanille.

Pendant ce temps, séparer les jaunes d'œufs des blancs. Mélanger l'édulcorant liquide aux jaunes et fouetter énergiquement jusqu'à ce que le mélange blanchisse. Ajouter alors le lait bouillant dont on a retiré la gousse. Bien mélanger au fouet.

Remettre dans la casserole et cuire à feu moyen pendant 4 ou 5 mn en remuant régulièrement avec une spatule (sans faire bouillir !). Ajouter la cannelle, bien mélanger le tout et verser dans un récipient très froid.

Faire fondre le chocolat au bain-marie dans la casserole qui va servir à cuire les blancs. Monter les blancs d'œufs en neige bien ferme, les sucrer avec l'édulcorant en poudre. Redonner un coup de fouet et former sur une écumoire le corps d'une souris à l'aide d'une poche à douille. Recommencer l'opération 12 fois.

Les plonger dans l'eau frémissante pendant 30 s sur chaque face. Retirer et poser sur un torchon.

PRÉSENTATION

Fabriquer un petit cornet en papier. Y glisser le chocolat fondu et confectionner sur une feuille de papier sulfurisé ou de papier aluminium 12 queues et 24 yeux de souris. Après durcissement, les retirer délicatement et s'en servir pour décorer les souris. Confectionner les oreilles des souris avec les amandes.

Verser la crème anglaise dans des assiettes creuses et poser les souris dessus.

Si vous n'avez pas de poche à douille, moulez les blancs d'œufs à la cuillère à entremets et plongez-les directement dans l'eau de cuisson.

Il est important de cuire les blancs dès qu'ils sont montés en neige car l'absence de sucre les fait retomber tout de suite.

MARQUISE DE POIRE
(RECETTE PAGE SUIVANTE)

CROUSTILLE DE POMME ÉMINCÉE ET COULIS D'ORANGE AU MIEL DE LAVANDE

125 KCAL PAR PERSONNE

MARCHÉ POUR 4 PERSONNES

2 POMMES GRANNY SMITH
2 POMMES MELROSE
2 ORANGE À JUS
30 G DE MIEL DE LAVANDE
4 FEUILLES DE MENTHE

POUR LE TREMPAGE* :
33 CL D'EAU
400 G DE SUCRE SEMOULE
QUELQUES GOUTTES
DE JUS DE CITRON

PRÉPARATION ET CUISSON

Confectionner un sirop en portant à ébullition le sucre et l'eau. Arrêter la cuisson tout de suite après l'ébullition. Laisser refroidir, puis ajouter quelques gouttes de jus de citron.

Couper les pommes granny smith (non épluchées) en rondelles de 3 mm d'épaisseur, bien régulières. Éliminer la partie centrale et les pépins. Tremper chaque rondelle dans le sirop*, puis les disposer les unes à côté des autres sur une feuille de papier sulfurisé. Enfourner à l'étuve à 70° ou dans un four (th. 2) pendant au moins 6 h, de façon à bien les sécher.

Pendant ce temps, éplucher et couper en petits dés les pommes melrose. Les faire sauter vivement à la poêle antiadhésive pour les cuire en leur donnant une très légère coloration. Ajouter 15 g de miel et terminer la cuisson pour obtenir des petits dés très moelleux.

Presser les oranges pour en extraire le jus. Le cuire à feu moyen pour le faire réduire des deux tiers, puis ajouter le reste du miel.

PRÉSENTATION

Monter les croustilles de pomme au centre de l'assiette, en alternant tranches croustillantes de granny smith et dés de pomme melrose poêlés au miel, comme un millefeuilles.

Terminer en disposant sur le dessus de la pomme une feuille de menthe.

Verser tout autour le coulis d'orange à l'aide d'une cuillère.

** Après trempage, seulement 18 g de sirop auront imbibé les pommes, soit 10 g de sucre.*

ÉMINCÉ DE POIRE CARAMÉLISÉE AU VERJUS

125 KCAL PAR PERSONNE

MARCHÉ POUR 4 PERSONNES

4 POIRES «CONFÉRENCES»
2 GRAPPES DE RAISIN VERT
OU **2** DL DE VERJUS
(JUS DE RAISIN VERT)
1 CITRON

1 GOUSSE DE VANILLE
1 CUILLERÉE À CAFÉ
D'ÉDULCORANT
1 CUILLERÉE À SOUPE DE MIEL
DE LAVANDE

PRÉPARATION

Confectionner un sirop en réunissant dans une casserole 1l d'eau, l'édulcorant, le jus de citron et la vanille. Porter à ébullition.

Peler et épépiner les poires en les vidant par le fond à l'aide d'un couteau économe, puis les plonger dans le sirop bouillant. Cuire 20 à 25 mn selon grosseur. Égoutter les poires sur un torchon.

Dans le cas où vous utilisez du raisin frais, le passer à la centrifugeuse de façon à retirer au moins 2 dl de jus. Sinon utiliser du verjus.

Dans une petite casserole, verser le miel et le faire caraméliser à feu moyen. Dès qu'il commence à colorer, verser tout de suite le verjus et faire réduire de moitié. Ajouter les poires, et les laisser mariner ainsi une dizaine de minutes en les tournant régulièrement pour bien les imprégner.

Les retirer, les émincer et les dresser en arrondi en les faisant se chevaucher (pour obtenir une forme hélicoïdale). Napper avec le verjus caramélisé.

MARQUISE DE POIRE

138 Kcal par personne

Marché pour 4 personnes

6 poires williams
3 feuilles de gélatine
60 g de fromage blanc à 0 %
40 g de miel de lavande
8 fraises (facultatif)
2 cuillerées à soupe d'édulcorant
quelques gouttes de jus de citron
1 gousse de vanille

PRÉPARATION ET CUISSON

Éplucher les poires, les couper en deux. Les pocher pendant 12 mn dans 2 litres d'eau additionnée de l'édulcorant et du jus de citron, ainsi que de la gousse de vanille fendue.

Au terme de la cuisson, les égoutter. Passer la moitié des poires en purée. Les dessécher pendant 3 mn à feu moyen en remuant sans cesse avec une spatule, puis incorporer la gélatine, trempée au préalable dans de l'eau froide pour la ramollir. Bien mélanger. Ajouter le fromage blanc. Mélanger à nouveau, puis mouler dans des tasses ou des petits bols. Laisser prendre au réfrigérateur pendant 3 h.

Couper en lamelles le reste des poires. Les étaler sur une plaque de cuisson. Les napper avec le miel, puis les caraméliser sous le gril du four.

PRÉSENTATION

Démouler au centre de chaque assiette les bols de poire gélifiée. Recouvrir chacun d'entre eux de lamelles de poire bien rangées. Les surmonter d'une fraise dont les lamelles taillées en biseau auront été légèrement décalées. Tout autour, parsemer quelques tranches de fraise sur lesquelles on pourra déposer une boule de fraise réalisée à la cuillère à pomme parisienne.

Ce dessert peut simplement s'entourer d'un coulis de framboise ou de mangue (voir recette p. 108.)

Photo page précédente

PRUNEAUX POCHÉS AU JASMIN, SIROP AU THÉ À LA POMME VERTE

145 KCAL PAR PERSONNE

MARCHÉ POUR 4 PERSONNES

24 PRUNEAUX D'AGEN
1 POMME GRANNY SMITH
2 CUILLERÉES À SOUPE DE THÉ AU JASMIN

MATÉRIEL SPÉCIFIQUE : 4 COUPES

PRÉPARATION ET CUISSON

Dans une casserole, faire bouillir 1/2 litre d'eau.

Retirer du feu, ajouter le thé au jasmin, puis les pruneaux, couvrir, et laisser infuser pendant 2 à 3 h.

Laver la pomme, la couper en deux, l'épépiner et la passer à la centrifugeuse pour en récupérer le jus, et le verser immédiatement dans 1 dl d'eau de cuisson des pruneaux, bien fraîche. Mélanger le tout et ôter l'écume qui apparaît sur la sauce obtenue.

PRÉSENTATION

Disposer 6 pruneaux dans chaque coupe. Verser dessus la sauce au thé à la pomme. Servir très frais.

Centrifuger la pomme au dernier moment, juste avant d'en mélanger le jus avec l'eau de cuisson des pruneaux, car le jus de pomme, s'il est confectionné trop tôt, va s'oxyder et noircir.

CHAUD ET FROID DE POMME EN MIKADO

165 KCAL PAR PERSONNE

MARCHÉ POUR 4 PERSONNES

500 G DE POMMES ROUGES (MELROSE)
100 G DE POMME GRANNY SMITH (POMME VERTE)
3 ORANGES À JUS
4 BOULES DE SORBET À LA POMME (DE 40 G CHACUNE)
30 G DE MIEL DE LAVANDE
CANNELLE

PRÉPARATION ET CUISSON

Presser les oranges, en extraire le jus et le réduire sur le feu avec 5 g de miel, jusqu'à obtention d'une consistance sirupeuse et l'équivalent de 5 cuillerées à soupe. Ajouter quelques fleurs de lavande.

Éplucher les pommes rouges. Les tailler en petits dés et les saisir vivement dans une poêle antiadhésive pendant 5 mn avec une pincée de cannelle. Ajouter ensuite 25 g de miel et continuer la cuisson jusqu'à caramélisation des pommes. Réserver au chaud.

Tailler la pomme granny smith en bâtonnets de 2 mm de côté sur la longueur du fruit, sans l'éplucher, de façon à obtenir de petites baguettes, tel un jeu de mikado.

PRÉSENTATION

Disposer au centre de chaque assiette une boule de sorbet à la pomme. Autour, confectionner 3 petits tas de pommes chaudes. Tacheter de coulis d'orange à la lavande les espaces libres entre les tas. Disposer pêle-mêle sur le sorbet, les bâtonnets de granny smith.

PHOTO PAGE CI-CONTRE

SAUCES ET PRÉPARATIONS

Parmi toutes les plantes aromatiques, certaines herbes condimentaires sont incontournables : persil, estragon, cerfeuil, ciboulette, aneth, basilic. On les emploie pour parfumer viandes et poissons, soupes et légumes, mais elles peuvent aussi entrer dans la composition des vinaigrettes où elles apportent parfum et saveur (parfois piquante ou poivrée) mais aussi fraîcheur et couleur, indispensables à la finition des assiettes.

SAUCE MARAÎCHÈRE DANS SA VERSION «RIVIERA»

13 KCAL PAR PERSONNE

MARCHÉ POUR 4 PERSONNES

10 CL DE JUS DE TOMATE OLIVETTE (BIEN CHARNUE)
10 CL DE JUS DE CONCOMBRE
4 CUILLERÉES À SOUPE DE JUS DE CITRON DE MENTON
SEL FIN, POIVRE DU MOULIN
1 BRINDILLE DE FARIGOULETTE (THYM SAUVAGE MAIS PEUT ÊTRE REMPLACÉ PAR DU THYM CITRON)
1 CUILLERÉE À SOUPE DE VINAIGRE DE XÉRÈS

MATÉRIEL SPÉCIFIQUE : 1 CENTRIFUGEUSE

Après avoir obtenu les jus de tomate et de concombre, à l'aide d'une centrifugeuse, les mélanger et ajouter le jus de citron (celui de Menton est moins acide).

Ajouter ensuite le vinaigre de Xérès et la brindille de farigoulette. Laisser infuser au moins 1 heure avant de servir.

Assaisonner généreusement, car il ne faut pas oublier que cette sauce est destinée à remplacer une vinaigrette.

Cet assaisonnement étant conçu à base de jus de légumes, sa conservation devra se limiter à 24 heures. Au-delà, la fermentation risque de vous provoquer quelques ballonnements.

SAUCE AUX HERBES POUR COCKTAIL

16 KCAL PAR PERSONNE

MARCHÉ POUR 4 PERSONNES

125 G DE FROMAGE BLANC À 0 %
1/4 DE BOTTE DE CIBOULETTE
1 BRIN D'ESTRAGON
2 CUILLERÉES À SOUPE DE VINAIGRE DE XÉRÈS
SEL FIN
POIVRE DU MOULIN

Ciseler finement la ciboulette et les feuilles d'estragon.

Lisser au fouet le fromage blanc avec le vinaigre.

Mélanger tous les ingrédients et assaisonner généreusement.

Cette sauce se sert froide. Elle accompagne à merveille les bâtonnets de carotte et de céleri que l'on déguste lors d'un apéritif.

VINAIGRETTE AU BASILIC

45 KCAL POUR UNE CUILLERÉE À SOUPE

MARCHÉ POUR 0,5 LITRE DE VINAIGRETTE

0,5 LITRE DE VINAIGRETTE AU CONSOMMÉ **(VOIR RECETTE P. 127)**
3 CUILLERÉES À SOUPE DE BASILIC FRAIS CISELÉ

Choisir des feuilles de basilic bien vertes et bien odorantes. Les ciseler finement au couteau.
Les déposer dans la vinaigrette au consommé.

Travailler l'ensemble au mixer pendant 30 s de façon à rendre la sauce homogène et à exhaler le parfum du basilic.

Cette vinaigrette se conserve au frais dans une bouteille ou un shaker, de façon à pouvoir la mélanger facilement avant chaque utilisation. Elle accompagne toutes les entrées froides et les salades.

VINAIGRETTE AU CONSOMMÉ

45 KCAL POUR UNE CUILLERÉE À SOUPE

MARCHÉ POUR 0,5 LITRE DE VINAIGRETTE

25 CL D'HUILE D'OLIVE
12 CL DE CONSOMMÉ DE BŒUF (VOIR RECETTE P. 129) OU DE BOUILLON DE VOLAILLE
10 CL DE VINAIGRE DE CIDRE
8 G DE MOUTARDE
3 PINCÉES DE SEL FIN
3 TOURS DE MOULIN DE POIVRE

Mélanger au fouet la moutarde, le vinaigre, le sel fin et le poivre.

Ajouter progressivement l'huile d'olive en fouettant énergiquement pour former une émulsion.

Ensuite, à l'aide d'un mixer, émulsionner rapidement cette vinaigrette en ajoutant petit à petit le consommé. Le foisonnement va la faire blanchir et la rendre nappante.

Elle doit se conserver au frais, de préférence dans une bouteille ou un shaker. On peut ainsi lui redonner son homogénéité en la secouant avant chaque utilisation.

Elle accompagne toutes les salades.

VINAIGRETTE AUX HERBES

45 KCAL POUR UNE CUILLERÉE À SOUPE

MARCHÉ POUR 0,5 LITRE DE VINAIGRETTE

0,5 LITRE DE VINAIGRETTE AU CONSOMMÉ (VOIR CI-DESSUS)
1 CUILLERÉE À SOUPE DE CERFEUIL FRAIS CISELÉ
1 CUILLERÉE À SOUPE DE PERSIL PLAT HACHÉ
1 CUILLERÉE À SOUPE DE CIBOULETTE CISELÉE

Ciseler finement, de préférence au couteau, tous les ingrédients.

Les déposer dans la vinaigrette au consommé.

Travailler l'ensemble au mixer pendant 30 s de façon à lui donner de l'homogénéité, et permettre aux herbes d'exhaler tous leurs parfums dans cette vinaigrette.

Se conserve au frais. Accompagne parfaitement les crudités.

VINAIGRETTE À LA FRAMBOISE

45 KCAL POUR UNE CUILLERÉE À SOUPE

MARCHÉ POUR 0,5 LITRE DE VINAIGRETTE

10 CL DE CONSOMMÉ DE BŒUF OU DE FOND DE VOLAILLE (VOIR RECETTES PAGES 129 ET 130)
25 CL D'HUILE D'OLIVE
8 G DE MOUTARDE
12 CL DE VINAIGRE DE FRAMBOISE
3 PINCÉES DE SEL FIN
3 TOURS DE MOULIN DE POIVRE

Mélanger au fouet la moutarde, le vinaigre, le sel fin et le poivre.

Ajouter progressivement l'huile d'olive en fouettant énergiquement pour former une émulsion.

Ensuite, à l'aide d'un mixer, émulsionner rapidement cette vinaigrette en ajoutant petit à petit le consommé, ou à défaut le fond de volaille.
Le foisonnement va la rendre nappante et lui donner une couleur rose pâle.

Elle accompagne particulièrement les terrines et les salades.

Elle doit se conserver au frais, de préférence dans une bouteille ou un shaker, de façon à pouvoir lui rendre son homogénéité en la secouant avant chaque utilisation.

VINAIGRETTE AUX AGRUMES

51 KCAL POUR UNE CUILLERÉE À SOUPE

MARCHÉ POUR 0,5 LITRE DE VINAIGRETTE

20 CL D'HUILE D'OLIVE
7 CL DE VINAIGRE DE CIDRE
10 CL DE JUS D'ORANGE
5 CL DE JUS DE PAMPLEMOUSSE ROUGE
5 CL DE JUS DE CITRON
8 G DE MOUTARDE
4 PINCÉES DE SEL FIN
4 TOURS DE MOULIN DE POIVRE

Confectionner au presse-agrumes les différents jus.

Mélanger au fouet la moutarde, le vinaigre, le sel fin et le poivre. Ajouter progressivement l'huile d'olive en fouettant énergiquement pour provoquer une émulsion.

Ensuite, à l'aide d'un mixer, émulsionner rapidement cette vinaigrette en ajoutant petit à petit les jus d'agrumes. Le foisonnement va la jaunir et la rendre nappante.

Elle doit se conserver au frais, de préférence dans une bouteille ou un shaker, afin de pouvoir lui redonner son homogénéité en la secouant avant chaque utilisation.

Elle accompagne à merveille la salade de langouste royale et le pavé de loup à la vapeur de citronnelle (voir recettes p. 36 et 58).

SAUCE AMÉRICAINE

510 KCAL

MARCHÉ POUR 0,5 LITRE DE SAUCE

200 G D'ÉTRILLES OU DE PETITES LANGOUSTINES OU DE CARCASSES DE HOMARD
50 G DE CAROTTE
1 ÉCHALOTE
2 DL DE VIN BLANC SEC
200 G DE TOMATES FRAÎCHES
1 CUILLERÉE À CAFÉ DE CONCENTRÉ DE TOMATE
3 DL DE FUMET DE POISSON (VOIR RECETTE P. **130**)
1 CUILLERÉE À SOUPE D'HUILE D'OLIVE
2 CUILLERÉES À SOUPE DE COGNAC
THYM, LAURIER, SEL FIN
POIVRE DE CAYENNE

Concasser les étrilles ou les langoustines, les faire suer dans l'huile d'olive fumante jusqu'à ce qu'elles rougissent.

Ajouter l'échalote ciselée et la carotte épluchée, coupée en dés. Faire suer à nouveau pendant 1 mn en remuant avec une spatule. Flamber avec le cognac. Ajouter le vin blanc. Porter à ébullition. Ajouter les tomates fraîches coupées grossièrement, le concentré de tomate et le fumet, ainsi qu'un bouquet garni (thym, laurier). Cuire à feu moyen pendant 30 mn.

Au terme de la cuisson, mixer la sauce américaine, puis la passer au chinois en pressant fortement avec une louche, pour en récupérer le maximum.

Assaisonner de sel fin et de poivre de Cayenne.

CONSOMMÉ DE BŒUF

MARCHÉ POUR 2 LITRES

1,5 KG DE JARRET DE BŒUF AVEC OS	THYM, LAURIER, QUEUES DE PERSIL
1 GROS OIGNON	POUR LA CLARIFICATION :
1 CAROTTE	50 G DE VERT DE POIREAU
2 POIREAUX	100 G DE TOMATE
1 BRANCHE DE CÉLERI	20 G DE CÉLERI BRANCHE
1 GOUSSE D'AIL	300 G DE MAIGRE DE BŒUF
GROS SEL, POIVRE EN GRAINS,	3 BLANCS D'ŒUFS

Éplucher tous les légumes de cuisson, les laver. Réserver.

Couper l'oignon en deux et faire noircir les faces tranchées dans une poêle, sans matière grasse.

Disposer dans une marmite le jarret de bœuf. Mouiller avec 4 litres d'eau. Porter à ébullition, en écumant régulièrement à l'aide d'une écumoire afin d'éliminer toutes les impuretés qui flottent à la surface.

Ajouter tous les légumes aromatiques ainsi que les condiments. Cuire à bons bouillons pendant 2 à 3 h en écumant de temps en temps les impuretés qui apparaissent à la surface.

Retirer la viande et les légumes et passer le bouillon au chinois étamine. On en récupère à peu près 2 litres.

Hacher tous les légumes de la clarification. Ajouter le maigre de bœuf haché et les blancs d'œufs. Bien malaxer. Verser cette clarification dans le bouillon de bœuf en brassant lentement avec une écumoire jusqu'au fond de la casserole.

Remettre sur le feu et laisser frémir tranquillement pendant 20 mn jusqu'à ce que le bouillon devienne clair. Retirer alors du feu et passer louche par louche le consommé obtenu dans un chinois avec un linge humide en évitant de prendre les éléments de la clarification qui flottent à la surface.

FOND DE VEAU

MARCHÉ POUR 1 LITRE

2 KG D'OS DE VEAU	1 GOUSSE D'AIL
100 G DE CAROTTE	1 BOUQUET GARNI (THYM, LAURIER)
60 G D'OIGNONS	
1 BRANCHE DE CÉLERI	100 G DE TOMATE FRAÎCHE

Casser les os en morceaux. Les faire dorer au four sur une plaque pendant une quinzaine de minutes à 210° (th. 7), en les retournant de temps en temps pour éviter qu'ils ne brûlent.

Éplucher les légumes. Couper grossièrement les tomates.

À l'aide d'une écumoire, vider les os dans une cocotte, en évitant de prendre la graisse qui s'est déposée sur la plaque.

Ajouter les légumes, la tomate et le bouquet garni. Mouiller avec 3 litres d'eau et porter à ébullition. Continuer ensuite la cuisson à feu moyen, pendant au moins 3 h, en écumant de temps en temps les impuretés qui apparaissent à la surface. Le meilleur résultat sera obtenu en réduisant à 1/2 litre ce liquide de cuisson ; en le remouillant avec 1 litre d'eau, pour le réduire de nouveau à 1/2 litre. Si vous avez la patience de renouveler plusieurs fois cette opération fastidieuse, le fond obtenu sera d'excellente qualité gustative. Passer au chinois le liquide de cuisson obtenu et jeter les os.

Conserver ce fond au réfrigérateur. La graisse va se figer à la surface, ce qui va permettre de le dégraisser entièrement.

FOND DE VOLAILLE

MARCHÉ POUR UN 1 LITRE

1 KG DE CARCASSES DE VOLAILLE (POULET OU POULE)	1 GOUSSE D'AIL
50 G DE CAROTTE	1 CLOU DE GIROFLE
50 G D'OIGNON	GROS SEL ET POIVRE EN GRAINS,
1 POIREAU	THYM, LAURIER,
1 BRANCHE DE CÉLERI	QUEUES DE PERSIL

Concasser grossièrement les carcasses de volaille. Éplucher les légumes, les laver.

Déposer le tout dans une marmite avec les condiments.

Mouiller avec 2 litres d'eau. Porter à ébullition. Laisser cuire doucement et régulièrement pendant 1 h 30, en écumant de temps en temps.

Après cuisson passer au chinois étamine. On en récupère ainsi environ 1 litre (après l'évaporation de la cuisson) que l'on peut diviser en plusieurs pots et congeler pour un emploi ultérieur.

FUMET DE POISSON

MARCHÉ POUR 0,5 LITRE

300 G D'ARÊTES DE SOLES	THYM, LAURIER
1 DL DE VIN BLANC	QUELQUES GOUTTES DE JUS DE CITRON
50 G DE CAROTTE	30 G DE PIEDS DE CHAMPIGNONS (FACULTATIF)
50 G D'OIGNON	
30 G D'ÉCHALOTE	

Laisser dégorger les arêtes de soles sous l'eau courante en ôtant les parties sanguinolentes, puis les concasser.

Éplucher et laver tous les légumes. Les émincer finement.

Faire suer le tout dans une casserole sans matière grasse et sans amener à coloration pendant 3 mn, en remuant avec une spatule.

Ajouter le vin blanc. Laisser prendre l'ébullition.

Mouiller avec 1/2 litre d'eau. Ajouter le thym, le laurier, les pieds de champignons et quelques gouttes de jus de citron. Porter à ébullition.

Laisser cuire à petits frémissements pendant 20 mn en écumant de temps en temps.

Passer au chinois étamine en pressant avec une louche sur les arêtes pour récupérer le plus de saveurs possibles.

Après refroidissement, le fumet de poisson doit former une gelée très souple.

On peut le diviser ainsi en plusieurs portions et le congeler dans des pots pour une utilisation ultérieure.

FROMAGE BLANC

Le fromage blanc que j'utilise dans mes recettes est un fromage à 20 % de matières grasses, sauf si un pourcentage différent est indiqué.

Avant d'incorporer ce produit dans une préparation, il est nécessaire de le fouetter afin de le lisser. Il faut également le cuisiner avec une extrême vigilance, car il ne résiste pas à une très forte température. Les sauces qui en sont composées, doivent se conserver au chaud au bain-marie.

En cas d'incident (par exemple une sauce qui tourne), retirer immédiatement la sauce de la source de chaleur et lui donner un tour de mixer. Mais ce procédé unique pour rattraper les sauces présente l'inconvénient de les rendre plus fluides.

ÉDULCORANT

Il existe de nombreux édulcorants ou sucres de synthèse, en poudre ou liquide. Certains, à base d'aspartame, perdent une partie de leur pouvoir sucrant lorsqu'ils sont portés à ébullition. Ils sont, selon les marques, plus ou moins concentrés. Ceux que j'utilise dans mes recettes sont des édulcorants vendus en pharmacie.

Le dosage prescrit l'est donc à titre indicatif. La règle d'or quand on utilise un sucre de remplacement, c'est de le verser avec parcimonie et de goûter le mélange obtenu pour éventuellement rectifier la quantité. Un édulcorant n'apporte à une fabrication que le goût sucré, mais il ne possède, en aucun cas, les pouvoirs amalgamants du sucre.

CITRON

Si l'on n'a pas la possibilité de trouver des citrons non traités, il est alors préférable de blanchir les zestes en les ébouillantant 1 mn avant utilisation.

À MES PARTENAIRES,
RECONNUS POUR LA QUALITÉ
DE LEURS PRODUITS

Le Dos de saumon
Salmoïka

Les Viviers
Quiberonnais

Les eaux
d'Évian

Les volailles et
la crémerie La Poulette

sans oublier les légumes des Établissements Babet

les porcelaines de la maison Pillivuyt

Remerciements

Je remercie
pour l'aide qu'ils m'ont apportée :

toute mon équipe,
Éric Boulanger, Philippe Gollino,
Nicolas Mariano, Olivier Breloux,
David Ruello, Nicolas Peglion,
Yannis Moreaux, Abdel et Omar.

Mireille, Marie-Laurence,
Christine et Isabelle.

Mon ami Pierre-Yves Lorgeoux
et tous ceux qui ont participé,
à mes côtés depuis 1993,
à l'évolution et à la création
de nouvelles recettes
et techniques
de la cuisine minceur.

Mon épouse Marie-Claire
pour son soutien
et sa volonté
à tout mettre en œuvre
pour la réussite de ce livre.

INDEX

INDEX

Mise en page PAO : Michel Gourtay
Photogravure : Fossard, Paris
Impression : Aubin Imprimeur, Poitiers
Reliure : NRI, Auxerre

N° d'édition : 17205
N° d'impression : P 55530
Achevé d'imprimer : février 1998
Dépôt légal : mars 1998